El Significado de los Nombres

Su origen y análisis numerológico

Editorial ⊙ Creación

© Jesús García-Consuegra González
© Editorial Creación
Jaime Marquet, 9
28200 -San Lorenzo de El Escorial
(Madrid)
Tel.: 91 890 47 33
http://www.editorialcreacion.com
http://editorialcreacion.blogspot.com/

Tercera edición: Mayo de 2006

ISBN:84-931502-2-3
Depósito Legal: M-19852-2006

ÍNDICE

*A puri, sin cuyo amor,
ánimo y ayuda este libro jamás
se hubiera publicado*

INTRODUCCION

Hubo un tiempo en que la tarea de buscar un nombre era una de las cosas más importantes. No se elegía un nombre, para el recién nacido, al azar ni por tradición familiar ni, aún siquiera, porque sonase raro, extraño o bonito, como se hace hoy en día; sino que se elegía, en la mayoría de los casos, por su significado. En efecto, el significado era el aspecto más relevante a la hora de encontrar un nombre al bebé. El significado hacía alusión, la mayoría de las veces, a la misión divina que los padres deseaban o intuían para sus hijos, ya que en aquellos tiem-pos a cualquier cosa que ocurría se le daba un sentido trascendente. Otras veces, era la misma divinidad la que elegía el nombre para el neonato. Así, en la tradición hebrea encontramos muchos ejemplos de este tipo. Desde Eva, cuya misión fue la de dar vida a todos los hombres, que es lo que significa su nombre, hasta Jesús, que significa "salvador", del cual el ángel Gabriel, refiriéndose a María, le dice a José textualmente:

> "Dará a luz un hijo a quien pondrás por
> nombre Jesús, porque salvará a su pueblo
> de sus pecados"
> *Mateo, 1: 21*

En el pasado más o menos lejano abunda esta relación del nombre con la misión divina del portador. Y, aunque hay otras causas para que una persona tenga tal o cual nombre, a nosotros nos parece que ésta es la más importante.

Como antes hemos dicho, para los antiguos todo tenía un significado. Todo lo que les ocurría necesariamente tenía un sentido, hasta que este modo de ver las cosas se fue perdiendo en favor de la razón mal entendida. Por nuestra parte, creemos que hay que recuperar aquel modo de ver las cosas y, aún más, ampliarlo con el alcance actual de nuestro conocimiento, que todo tiene sentido en esta vida, desde lo simple hasta lo complicado, desde el átomo hasta el hombre. Nuestro mayor error consiste en creer que todo está sujeto al azar, que nada tiene sentido, que todo ocurre por casualidad, y en este contexto solemos creer que alguien se llama Pedro como podría llamarse Juan. Esto nos ocurre porque desconocemos en absoluto las Leyes que rigen el Cosmos. Porque, aunque aparentemente esto sea así, si nos molestásemos en profundizar un poco más en todo lo que nos rodea, si intentásemos comprender la ley de las analogías y el lenguaje de los símbolos, veríamos claramente que no lo es. De hecho, si damos crédito a nuestro lenguaje interno, si escuchamos la voz de nuestro Yo Espiritual, entenderemos que no estamos aquí por casualidad, sino por causalidad, que todo obedece a un principio divino o propósito del Padre y que, por consiguiente, todo tiene sentido. Nada es azar, sino que cada cosa que ocurre en el Universo, por ínfima que parezca, es importante. Desde este punto de vista, el Universo aparece ante nosotros como una obra en construcción. No es una obra terminada, y por tal razón no podemos exigir la perfección, de la misma forma que no podemos exigir la perfección a los constructores de una casa cuando aún no la tienen terminada. Nuestra tarea es acabarla. Y eso es lo que estamos haciendo, cada uno a nuestra manera, cometiendo errores unas veces, haciéndolo bien otras; pero nuestro trabajo consiste en dar con el ladrillo que mejor encaje, con el suelo más bonito y que mejor se adapte a nuestros pies, etc. En definitiva, en hacer una casa perfecta.

Cada ser humano ha venido a este mundo para realizar una misión. Es decir, cada uno de nosotros trae un programa divino en cada encarnación, con el propósito de acercar más el cielo a la tierra, de ir plantando poco a poco el cielo en la tierra. Nuestra principal tarea consiste en descubrir cuál es ese programa para llevarlo a práctica. Hay muchos métodos para ayudarnos a descubrir cuál es nuestro propósito divino y nuestra personalidad, pero algo que nos va a prestar, sin duda, una ayuda muy necesaria va a ser el significado de nuestro nombre y su análisis numerológico.

El nombre no nos va a decir con pelos y señales, cuál es nuestro programa vital, pero sí nos va a dar importantes pistas sobre las líneas maestras de nuestra misión y, sobre todo, nos va a decir cómo somos, y cuales serán los aspectos más relevantes de nuestra personalidad que desarrollaremos a lo largo de nuestra vida. Descubrir esto es el propósito de este libro. Por tanto, si aprendemos el significado y hacemos el análisis numerológico de nuestro nombre correctamente nos daremos cuenta de que nuestros padres no eligieron nuestro nombre al azar, sino que lo hicieron obedeciendo a un designio, tal vez un designio inconsciente para su yo pasajero; pero no así para su Yo Eterno. Veremos cómo ellos han elegido precisamente el nombre que más define nuestra misión y nuestra forma de ser en la presente encarnación. Pero nos resultará

---

(1) Ver a este respecto los libros «Cómo levantar una carta astral» y «Cómo interpretar un horoscopo sin ayuda de nadie» (ambos de ed. Creación).

mucho más claro si complementamos al resultado obtenido por estos métodos, la interpretación en profundidad de nuestra propia carta astral (1), ya que nos gustaría que quedase bien claro que el estudio planteado aquí es sólo un parte básica, importante sin duda, para ayudarnos a saber algo sobre nuestro programa vital; pero no es en sí nuestro programa vital. Este lo encontraremos con todo detalle en nuestra carta astral y su interpretación cabalística (2), o mediante la meditación y la comunicación con nuestro Ser espiritual.

Como hacer el análisis numerológico y la interpretación de todos los nombres es una tarea difícil y complicada, y además lo que nos gustaría es que cada uno aprenda a hacerlo por si mismo, hemos hecho el de algunos con una interpretación básica. El criterio principal que hemos seguido para hacer estos nombres ha sido el de su popularidad, aunque otros han sido elegidos siguiendo una orden de encargos particulares. Y al final hemos añadido una lista de nombres con su origen y significado para que cada uno pueda trabajar sobre su propio nombre. Para ello vamos a dar la clave, es decir, unas nociones básicas de numerología que son las que nosotros hemos seguido. Si alguno se siente herido o defraudado por no encontrar su nombre en este volumen, pedimos perdón y esperamos que nos comprenda, ya que nos gustaría incluir todos los nombres, pero esto no va a ser posible, pues aunque lo intentásemos siempre nos quedaría alguno.

---

(2) La Astrología Cabalística y su método de interpretación ha sido desarrollado por Kabaleb y difundido por *la Escuela Trascendentalista Universal* en varios cursos denominados de modo general *"Los misterios de la obra Divina"*.

NUMEROLOGÍA BÁSICA

No cabe ninguna duda de que los números poseen un profundo misterio y un encanto trascendente que ha hecho que sean objeto de estudio por muchas personas a lo largo de la historia. Algunas de estas personas llegaron a conclusiones filosóficas inspiradas. Dichas conclusiones constituyen el legado que nos han dejado y la base de lo que se conoce con el nombre de Numerologia, ciencia que trata de los números, y también la Gematría, ciencia que trata de la conversión de letras a números, la cual será una parte importante para el tema que nos ocupa. En este sentido, si dos nombres coinciden en su valor numérico, se puede decir que hay una equivalencia. Es decir, cada número tiene un potencial y cada letra tiene el potencial del número que le corresponde. O sea, que un nombre puede tener distinto significado semántico que otro nombre, pero el mismo significado numerológico.

Aunque nuestra interpretación del carácter la hemos hecho sobre la base del nombre solamente, damos aquí las claves para el que quiera hacerlo más personal utilizando su nombre y apellidos.

La equivalencia de las letras en números que damos a continuación es solamente valedera para el idioma español, pues cada idioma tiene su propia equivalencia, que el lector tendrá que buscar para utilizarla en su nombre si este es su caso.

1	2	3	4	5	6	7	8	9
A	B	C	CH	D	E	F	G	H
10	11	12	13	14	15	16	17	18
I	J	K	L	LL	M	N	Ñ	O
19	20	21	22	23	24	25	26	27
P	Q	R	S	T	U	V	X	Y
28								
Z (1)								

Aclaramos que el valor numérico de cada letra es la suma de todos sus dígitos. Así, en la I, que corresponde al número 10, se puede decir que $1+0=1$; y en la P, que corresponde al número 19, diremos que $1+9=10$, y $1+0=1$.

Se puede decir que cada nombre posee tres números: la suma de las consonantes, la suma de las vocales y la suma de vocales y consonantes. Todas ellas, como es natural, reducidas a un sólo dígito. El número que obtengamos de la suma de las consonantes corresponde a la personalidad intelectual. La suma de las vocales a la personalidad sentimental. Y la suma de las vocales y consonantes corresponde propiamente al carácter; es decir, a aquellas tendencias del carácter que más sobresalen en el individuo. Veamos un ejemplo:

---

(1) Este abecedario no se corresponde con el actual, pero consideramos que la "Ch" y la "ll" son letras que se usan en castellano y tienen vibración propia. En cambio la "w" no pertenece a nuestro idioma.

$$N - 16$$
$$1 - A$$
$$T - 23$$
$$1 - A$$
$$L - 13$$
$$10 - I$$
$$+ \quad 1 - A$$

O sea, total de vocales = 4
Total de consonantes = 7
Total de vocales y consonantes = 7 + 4 = 11; 1 + 1=2

13=1+3=4;   52=5+2=7

Para el que prefiera hacerlo con su nombre y apellidos, se puede proceder de la manera siguiente:

$$N - 16$$
$$1 - A$$
$$T - 23$$
$$1 - A$$
$$L - 13$$
$$10 - I$$
$$1 - A$$
$$G - 8$$
$$1 - A$$
$$R - 21$$
$$C - 3$$
$$10 - 1$$
$$1 - A$$
$$P - 19$$
$$6 - E$$
$$R - 21$$
$$6 - E$$
$$Z - 28$$

Total vocales nombre y apellidos = 1
Total consonantes nombre y apellidos = 8
Total vocales y consonantes del nombre y apellidos=8+1= 9

37=3+7; 152=1+5+2=8
3+7=10
1+0=1

EL SIGNIFICADO DE LOS NÚMEROS

EL 1

Indica fuerza de voluntad, decisión, liderazgo, empuje. Es el principio de todas las cosas, el comienzo, la iniciativa. A los números 1 les gusta ser pioneros, autodidactas y aventureros. Es el primer eslabón, la primera piedra. Cabalísticamente está relacionado con Kether.

EL 2

Representa el amor divino. Es la dualidad. Indica protección providencial. Es el número del altruismo y la intuición. Está relacionado con la sabiduría. Los números 2 son generosos, receptivos y les gusta unir los polos enfrentados. Representa a Hochmah en el árbol de la vida y al planeta Urano

EL 3

Es el número de la ley y el orden. Representa la inteligencia activa, la forma y la razón. Da poder de organización y capacidad para proceder con justicia. Es la trinidad necesaria para cualquier creación. Está relacionado con Saturno y en la Cábala representa a Binah.

EL 4

Es el número del poder, el optimismo, la generosidad y la expansión. Es portador de suerte. alegría y abundancia. Es el número de la esperanza y la realización de los deseos. Astrológicamente se relaciona con Júpiter y, en la Cábala, representa a Hesed

EL 5

Es el número de la acción, del trabajo y de la justicia. Simboliza el conflicto y la superación de los errores. Representa el cuerpo humano perfecto. Es el número de los inquietos y de los impacientes. Simboliza la estrella de cinco puntas, el pentagrama. Gueburah es su representante cabalístico y Marte su planeta.

EL 6

Es el número del equilibrio, el servicio, la humanidad, la armonía y la belleza. Representa el punto medio entre lo de arriba y lo de abajo. Es el número de la estabilidad y la unificación. En la Cábala representa a Tipheret y el planeta es el Sol.

EL 7

Simboliza la perfección y está considerado como el número del éxito y de la suerte. Se le asocia con la creatividad, la belleza y el arte. Aporta lucidez y lógica.
Venus es su planeta y Netzah lo representa a nivel cabalístico.

El 8

Es el número de las comunicaciones y las relaciones sociales. Aporta habilidades comerciales y poder de convicción. Está relacionado con el periodismo y con la palabra. Incita a la búsqueda de la verdad. Mercurio es su planeta y Hod su representante en la Cábala.

El 9

Es el número de los frutos. Cuando aparece significa que algo ya está hecho y, por tanto, cabe esperar un resultado. Es el número de la síntesis final. Aporta capacidad para ir basta el final de cualquier asunto. La luna lo representa en Astrología y Yesod a nivel cabalístico.

Sabiendo ya el significado y la numerología de Natalia, se puede hacer una ligera interpretación tomando como base el significado de sus números.

SIGNIFICADO DE NATALIA: NACIMIENTO

Se puede interpretar que una parte importante de su misión es la de dar nacimiento a las cosas, entendiendo por nacimiento cualquier cosa nueva, original que haga o cualquier tarea que sea innovadora.

Como se puede ver, es una pequeña clave que puede servir de complemento a la comprensión de su programa vital.

PERSONALIDAD SENTIMENTAL: EL 4

Significa que Natalia ejerce un poder de atracción sentimental natural. sus deseos se realizan con mucha facilidad y es rica en sentimientos.

PERSONALIDAD INTELECTUAL: EL 7

En todo trabajo intelectual buscará la perfección y tendrá suerte.

Cuidará su belleza y vestirá con arte.

TENDENCIAS MAS RELEVANTES DEL CARÁCTER: El 2

En general es intuitiva, generosa y da sin esperar nada a cambio. Su presencia es providencial.

Si además se llama Natalia García Pérez, habría que añadir el significado de la numerología obtenida con su nombre y apellidos. Es decir, el 1 a la personalidad sentimental, el 8 a la personalidad intelectual y el 9 al carácter.

Con el 1 obtendría sus conquistas amorosas con mucha iniciativa, empuje, decisión y voluntad por su parte; con el 8 será además muy comunicativa de palabra y por escrito; y con el 9 sería la que llega hasta el final de cualquier asunto y aportaría resultados y frutos.

Es decir, el análisis numerológico del nombre nos aporta datos muy generales de nuestro carácter, puesto que hay muchos nombres iguales; pero el análisis numerológico de nuestro nombre y apellidos nos aporta datos más particulares. Por eso es conveniente que, además de la interpretación del nombre aportada en este volumen, cada uno se haga su propio análisis con su nombre y apellidos.

Origen, significado y carácter de los nombres

A

Aarón

ORIGEN: **Hebreo**
SIGNIFICADO: **Iluminado, elevado**
CARÁCTER: Vive constantes cambios interiores. Es un maestro muy claro de palabra y por escrito. Tiene mucha intuición y no le importa participar en asociaciones altruistas y filantrópicas. Tiene ideas originales y mucha gente las sigue.

Abel

ORIGEN: **Hebreo**
SIGNIFICADO: **Efímero**
CARÁCTER: Expresa con arte y armonía sus sentimientos. Actúa con lógica, justicia y equidad. Es generoso y optimista. Generalmente tiene suerte y sus deseos suelen hacerse realidad.

Abundio

ORIGEN: **Latino**
SIGNIFICADO: **Abundante, pletórico**
CARÁCTER: Se le da muy bien todo aquello que se relaciona con la comunicación: relaciones sociales, diálogos, debates, etc. Su presencia aporta alegría, plenitud, abundancia y optimismo.

Abraham

ORIGEN: **Hebreo**
SIGNIFICADO: **Padre de las multitudes**
CARÁCTER: Es inquieto y valiente. Le encanta la aventura. Tiene capacidad de líder y organiza muy bien a sus seguidores o subordinados. No le gusta salirse mucho de las reglas y capta muy bien a los demás intuitivamente.

Adela

ORIGEN: **Germano**
SIGNIFICADO: **Noble**
CARÁCTER: Es muy original en su manera de escribir y exteriorizar sus ideas. Es especialista en romper moldes viejos v crear moldes nuevos. Generalmente es una mujer en quien se puede confiar.

Adelaida

ORIGEN: **Germano**
SIGNIFICADO: **Noble**
CARÁCTER: Es muy original en su manera de escribir y exteriorizar sus ideas. Es especialista en romper moldes viejos y crearlos nuevos. Generalmente es una mujer en quien se puede confiar.

Adolfo

ORIGEN: **Germano**
SIGNIFICADO: **Lobo noble**
CARÁCTER: Es analítico y tiene capacidad para la síntesis. Cumple todas sus promesas y termina todos los trabajos. Siempre que actúa por intuición le salen las cosas mejor. Es generoso y le gusta ayudar desinteresadamente.

Adoración

ORIGEN: **Latino**
SIGNIFICADO: **Respecto a, plegaria oral**
CARÁCTER: Tiene mucha imaginación y capacidad para llevar a la práctica sus ideas. Es bastante amiga de llevar unas normas de vida, un orden. Es muy femenina y maternal, y sobresale por su razonamiento y su talento para juzgar con equidad.

Adrián

ORIGEN: **Latino**
SIGNIFICADO: **Nacido en Adria**
CARÁCTER: En esencia es una persona muy servicial; por eso también muchas veces le sirven a él. Se mueve entre jueces o personas que creen en las leyes, tanto a nivel práctico como filosófico. Todo lo que piensa lo lleva a la práctica.

Adriana

ORIGEN: **Latino**
SIGNIFICADO: **Nacida en Adria**
CARÁCTER: Es alegre y optimista. Es muy atractiva y suele conseguir que sus deseos se hagan realidad, sobre todo los sentimentales. Suele buscar siempre el equilibrio entre las distintas ideas. Aporta a los demás iniciativa y voluntad.

Agueda

ORIGEN: **Griego**
SIGNIFICADO: **Buena, virtuosa**
CARÁCTER: Es inquieta. pasional y afectiva Tiene mucha capacidad mental y mucha imaginación. Es aventurera y le gusta lo nuevo y diferente. Siempre llega hasta el final de cualquier situación

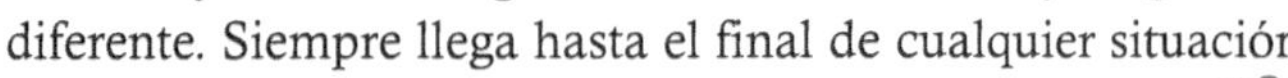

Agustín

ORIGEN: **Latino**
SIGNIFICADO **Sagrado**
CARÁCTER: Le gusta hablar mucho con su ser interno y aprende mucho con este diálogo, pero al comunicarlo a los demás parece que no le entienden. Es muy brillante resolviendo conflictos.

Agustina

ORIGEN: **Latino**
SIGNIFICADO: **Sagrada**
CARÁCTER: Se pasa una gran parte de su vida consejando, uniendo, llevando paz y concordia a los enfrentamientos Es muy servicial. Es muy profunda sentimentalmente y muy fértil.

Aida

ORIGEN: **Latino**
SIGNIFICADO: **Adorno, belleza**
CARÁCTER: Es inteligente y activa. Le gusta la aventura, aunque pensando siempre bien lo que hace. No actúa a lo loco. Comunica muy bien, aunque razonando todo lo que expresa, ya sea de palabra o por escrito. No habla por hablar.

Ainoa

ORIGEN: **Vasco**
SIGNIFICADO: **Virgen de la montaña**
CARÁCTER: Sabe muy bien lo que quiere, sobre todo en el terreno sentimental y no le gusta la frivolidad. Es creativa y busca originalidad y perfección en todo lo que hace. Tiene mucho empuje y una amplia visión del mundo que la rodea.

Aítor

ORIGEN: **Vasco**
SIGNIFICADO: **Padre del pueblo**
CARÁCTER: Tiene mucho empuje y capacidad para ser líder o número uno de cualquier grupo o asociación. Siempre encuentra gente que le apoya en todo. Es aventurero y muchas veces actúa por dictados del corazón. Se hace muchas preguntas interiores.

Aíxa

ORIGEN: **Árabe**
SIGNIFICADO: **Mujer**
CARÁCTER: Es inteligente y práctica. Tiene capacidad organizativa. Es muy comunicativa y siempre tiene una respuesta a cualquier pregunta. Es sociable y altruista. Se siente protegida por la providencia. Es receptiva y generosa.

Alan

ORIGEN: **Celta**
SIGNIFICADO: **Armonía**
CARÁCTER: Es alegre y optimista y contagia de ello a todo el que se relaciona con él. Su amor traspasa las fronteras. Todo esto hace que cree a su alrededor un ambiente de armonía y también que reciba cariño de mucha gente.

Alba

ORIGEN: **Latino**
SIGNIFICADO: **Aurora, blanca**
CARÁCTER: Es muy sacrificada y servicial. Sus ideas aclaran muchas dudas a los demás. Es muy comunicativa y buena comerciante. Su forma de ver la vida es peculiar y sorprendente.

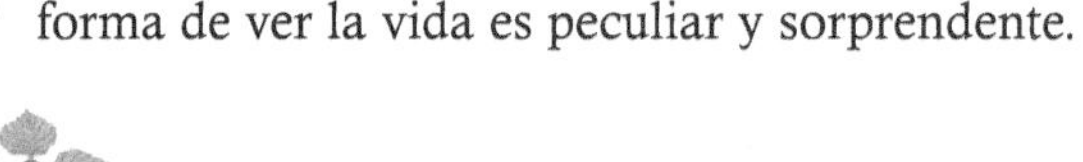

Alberto

ORIGEN: **Griego**
SIGNIFICADO: **Nobleza brillante**
CARÁCTER: Es muy activo y emprendedor. Tiene capacidad para resolver los conflictos. Le atrae bastante el mundo de la música y el arte. Es muy noble y suele ocupar puestos de responsabilidad y organización.

Alejandra

ORIGEN: **Griego**
SIGNIFICADO: **Vencedora**
CARÁCTER: Es muy justa y valora exactamente cada situación. Sus miradas desenmascaran al culpable. Es muy buena organizadora y difícilmente se equivoca. Es muy honrada y absolutamente incorruptible.

Alejandro

ORIGEN: **Griego**
SIGNIFICADO: **Vencedor, protector**
CARÁCTER: Parece que la suerte le acompaña, pero en realidad es que sabe ganar. Es un enamorado generalmente simpático. Es buen amigo de sus amigos.

Alfonso

ORIGEN: **Germano**
SIGNIFICADO: **Preparado para el combate**
CARÁCTER: Es muy generoso y le gusta alegrar a los demás. Generalmente le gustaría pasárselo bien constantemente y tomar largos períodos de vacaciones, pero tiene que pasar la mayor parte del tiempo trabajando. Le gusta el deporte y, si puede, practicará alguno.

Alfredo

ORIGEN: **Germano**
SIGNIFICADO: **Consejo de los elfos**
CARACTER: Tiene talento de escritor y poeta. También le encanta la música y el arte. Es un buen consejero y le gusta seducir con la palabra. Se mueve en círculos de artistas o asociaciones culturales.

Alicia

ORIGEN: **Germano**
SIGNIFICADO: **Noble**
CARÁCTER: Es optimista y muy alegre, aunque a veces no lo demuestre. Persigue el triunfo en todo lo que empieza y supera todos los obstáculos. Su amor al prójimo es sincero y no encuentra fronteras.

Alma

ORIGEN: **Latino**
SIGNIFICADO: **Que da vida, que alimenta**
CARÁCTER: Es portadora de amor, unión y concordia. Es intuitiva y tiene sentido práctico y organizativo. Infunde ánimo a todos los que se cruzan en su camino, y es muy femenina.

Almudena

ORIGEN: **Árabe**
SIGNIFICADO: **Ciudad pequeña**
CARÁCTER: Es muy trabajadora y siempre está haciendo algo. Es alegre y muy optimista. Le gusta el riesgo y dar la cara. Es amante de la filosofía y los viajes largos.

Álvaro

ORIGEN: **Germano**
SIGNIFICADO: **Totalmente atento**
CARÁCTER: Es muy despierto y ambicioso. Resuelve los problemas sentimentales de una manera providencial. Tiene mucha intuición y es muy sorprendente. Suele superar todas las pruebas con mucha facilidad.

Amada

ORIGEN: **Latino**
SIGNIFICADO: **Querida**
CARÁCTER: Valora muy bien su elección en los asuntos sentimentales y no lo hace a la ligera. Suele ser muy querida y apreciada en su entorno social. Es muy intuitiva y sabe rectificar los errores con valentía.

Amador

ORIGEN: **Latino**
SIGNIFICADO: **Amante**
CARÁCTER: Es amante de las relaciones estables y duraderas. Es muy despierto y activo mentalmente. Es creativo y disfruta creando y contemplando el arte y la belleza.

Amalia

ORIGEN: **Griego**
SIGNIFICADO: **Tierna**
CARÁCTER: Nunca pierde la fe y la esperanza por muchas desilusiones que se lleve. Es muy bondadosa y romántica. Tiene una mentalidad recta y le gusta ser escuchada. Es una amiga fiel.

Amanda

ORIGEN: **Latino**
SIGNIFICADO: **Que debe ser amada**
CARÁCTER: Tiene mucha imaginación y es una madre ideal. Es muy justa y muy fiel con todas las personas que la rodean. Aunque a veces no lo parezca, necesita mucho amor y comprensión de todos los suyos.

Amando

ORIGEN: **Latino**
SIGNIFICADO: **Que debe ser amado**
CARÁCTER: Tiene muy marcadas las tendencias de generosidad, altruísmo e intuición. Su potencial intelectual le podría aportar éxito y beneficios. Suele caer bien a todos los que le conocen.

Amapola

ORIGEN: **Árabe**
SIGNIFICADO: **Flor silvestre**
CARÁCTER: Es más práctica que teórica. Antes de actuar se lo piensa mucho, sobre todo en el campo sentimental. Es pacífica y emplea bastante energía en unir a los que se hallan enfrentados. Aporta a los demás entusiasmo e inquietudes.

Amelia

ORIGEN: **Germano**
SIGNIFICADO: **Amable**
CARÁCTER: Tiene la sensación de estar recogiendo frutos constantemente, sobre todo, en el terreno de los sentimientos. No se aburre fácilmente, pues siempre encuentra algo que hacer. Es muy despierta y dispone de mucha energía para iniciar

la osas.

Amós

ORIGEN: Hebreo
SIGNIFICADO: **Dios me ha sostenido**
CARACTER: Tiene fuerza de voluntad y mucha energía para los comienzos. Es aventurero, autodidacta y pionero. Le gusta tomar la iniciativa; tiene capacidad de lider. Es generoso y aporta solución y armonía en los conflictos.

Amparo

ORIGEN: Latino
SIGNIFICADO: **La que protege**
CARACTER: Es muy espiritual. Tiene fe y poder para convencer a los demás de que existen otros mundos, disfruta protegiendo y ayudando al desvalido. Aunque ella no lo crea, es mucha gente la que se siente amparada a su lado.

Ana

ORIGEN: Hebreo
SIGNIFICADO: **Gracia de Dios**
CARÁCTER: Siempre tiende a ir hasta el final. No deja nada a medias. Tiene mucha imaginación. Normalmente se deja guiar por la providencia y la suerte le acompaña entregándole buenos frutos.

Anabel   Compuesto de Ana e Isabel

ORIGEN: Hebreo
SIGNIFICADO: Gracia de Dios (Ana) Dios es mi juramento (Isabel)
CARÁCTER: Su ejemplo y su forma de ser influye decisivamente en los demás. Es generosa y tiene una voluntad a prueba de bombas. Tiene mucha imaginación y en el fondo busca siempre la verdad.

Ana María

ORIGEN: **Hebreo**
SIGNIFICADO: **Mar de gracia**
CARÁCTER: Es muy impaciente e inquieta, sobre todo, en los asuntos del corazón. Sus trabajos intelectuales son creativos y

originales. es muy azonable y amante de la justicia.

Anastasio

ORIGEN: **Griego**
SIGNIFICADO: **El que puede resucitar**
CARÁCTER: Su presencia aporta armonía y equilibrio. Ayuda a los demás a orientarse hacia la solución correcta y a tomar conciencia de algo nuevo. Sus deseos sentimentales tienden a realizarse. No pierde los estribos ante ninguna circunstancia.

Anastasia

ORIGEN: **Griego**
SIGNIFICADO: **La que puede resucitar**
CARÁCTER: Sentimentalmente es romántica y de rápidas decisiones. Le gusta ayudar a los demás a tomar conciencia de sus errores y a cambiar en la dirección correcta. Es generosa e intuitiva. Es portadora de suerte e inspira creatividad.

Andrea

ORIGEN: **Griego**
SIGNIFICADO: **Enérgica**
CARÁCTER: Posee una energía envidiable para hacer frente a cualquier situación. Le gusta hacer comprender sus errores a los demás, pero esto le trae problemas. Es muy servicial y ofrece su ayuda con desinterés. Es capaz de soportar cargas que otras ni tocarían.

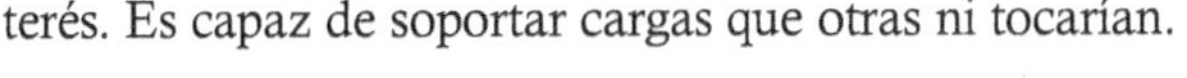

Andrés

ORIGEN: **Latino**
SIGNIFICADO: **Varonil**
CARÁCTER: Es muy lógico y comunicativo. Posee una fuerza de voluntad que le empuja hacia el arte y la búsqueda de la verdad. Puede ser un gran artista o un buen escritor y, En general, los trabajos de cara al público le van muy bien.

Ángel

ORIGEN: **Griego**
SIGNIFICADO: **Mensajero**
CARACTER: Su móvil es el amor a sus semejantes. Es fácil encontrarle haciendo trabajos desinteresados y altruistas. Suele ser muy buena persona y un excelente guía para los que tiene a su cuidado.

Ángela

ORIGEN: **Griego**
SIGNIFICADO: **Mensajera**
CARÁCTER: Todo lo hace con amor, pero intenta siempre razonarlo, al menos interiormente. Es muy generosa y no mira mucho lo que gasta. Muchas veces tiene la sensación de amar y sacrificarse por los demás inútilmente.

Ángeles

ORIGEN: **Griego**
SIGNIFICADO: **Mensajera**
CARÁCTER: Es muy activa e innovadora. Sus trabajos dan abundantes frutos. Es alegre y optimista. Le gusta el riesgo y la aventura. Va directamente al grano. nunca se anda por las ramas. y esto puede provocar algún que otro conflicto.

Angélica

ORIGEN: **Latino**
SIGNIFICADO: **Angelical**
CARÁCTER: Normalmente le ocurren muchas cosas inesperadas de orden sentimental. Es muy optimista, alegre y simpática. Suele ayudar a quien se lo pide. A veces se pasa de generosa y tolerante.

Angustías

ORIGEN: **Latino**
SIGNIFICADO: **Angosto, difícil**
CARÁCTER: Tiene mucha creatividad y es original. Siente de una manera especial todo lo que ocurre a su alrededor. Tiene mucha iniciativa y opina que no se consigue nada importante sin riesgo y dificultad.

Aniano

ORIGEN: **Latino**
SIGNIFICADO: **Consagrado a Ana Perenna (Diosa del año)**
CARÁCTER: Se le dan muy bien las relaciones sociales y es comunicativo. Tiene poder de observación y capacidad de persuasión. Le gusta superarse y descubrir sus potenciales constantemente. En asuntos sentimentales, es fiel y razonable.

Aniceto

ORIGEN: **Griego**
SIGNIFICADO: **Invencible**
CARÁCTER: Se siente fuerte y protegido por una fuerza superior. No se cansa nunca. Le gusta organizar todas las cosas. Entiende que hay que proceder siempre con justicia y aplicando la razón.

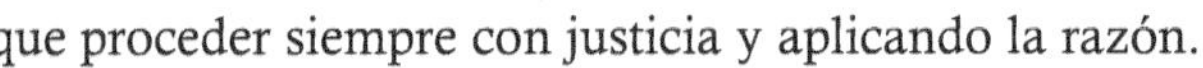

Antonía

ORIGEN: **Latino**
SIGNIFICADO: **Florida, digna de ser alabada.**
CARÁCTER: No puede con la pasividad. Es muy inquieta e impulsiva. Le gusta tener a su familia contenta y procura tener detallitos con ellos. Le gustan los buenos modales y no concibe la vida sin libertad.

Antonío

ORIGEN: **Latino**
SIGNIFICADO: **Florido, digno de ser alabado.**
CARÁCTER: Procura ser justo en todos sus actos y a menudo lo consigue. Piensa y medita mucho las cosas antes de pasar a la acción, ya que no le gusta equivocarse. Le gusta la filosofía y se siente protegido por la providencia.

Aracelí

ORIGEN: **Latino**
SIGNFICADO: **Altar del cielo**
CARÁCTER: Es muy independiente. Cambia constantemente de ocupación o es una innovadora en su trabajo. Le gusta asumir riesgos y prefiere equivocarse a quedarse sin hacer nada.

Arantxa

ORIGEN: **Vasco**
SIGNIFICADO: **Virgen del espino**
CARÁCTER: Tiene gran capacidad para discernir lo verdadero de lo falso. Le gusta el deporte y, si es posible, practicará alguno. También es demasiado razonable y todo lo pasa por el tamiz de su lógica.

Ariana

ORIGEN: **Griego**

SIGNIFICADO: **Consagrada a Ares**

CARÁCTER: Disfruta descubriendo cosas nuevas y no le importa arriesgarse. Vence en todos los conflictos y le gusta ser líder y guía de los demás. Se siente feliz cuando consigue que los demás disfruten.

Ariel

ORIGEN: **Hebreo**

SIGNIFICADO: **León de Dios**

CARÁCTER: Es portador de equilibrio y se adapta fácilmente a cualquier circunstancia. Es muy noble y servicial. Tiene gran capacidad para las relaciones sociales.

Armando

ORIGEN: **germano**

SIGNIFICADO: **hombre audaz**

CARÁCTER: Es generoso y desinteresado. Sus sentimientos son elevados y profundos. Le gustan los trabajos manuales y es intuitivo. Es fuerte y valiente cuando hay que serlo.

Aroa

ORIGEN: **Germano**

SIGNIFICADO: **Buena voluntad**

CARÁCTER: Nunca hace nada con mala intención. Le gustan los debates y, si puede, participa en ellos. Prefiere una profesión sana para toda la vida, pero mejor si es dentro del mundo del deporte.

Arturo

ORIGEN: **Griego**
SIGNIFICADO: **Guardián del norte**
CARÁCTER: Tiene muy buena suerte en los asuntos emocionales y expresa con arte y poesía sus sentimientos. Es generoso y altruista Es conservador de todo lo noble y espiritual que hace superior al ser humano. Obtiene frutos casi sin esfuerzo.

Ascensión

ORIGEN: **Latino**
SIGNIEICADO: **Subir, ascender**
CARÁCTER: Tiene capacidad artística y dotes de escritora. Es pacífica y trabaja para la unión y concordia. Su acción cambia y eleva las conciencias de la gente con la que se relaciona.

Asia

ORIGEN: **Griego**
SIGNIFICADO: **Ninfa, hija del Oceano y Tetis**
CARÁCTER: Es precavida a la hora de tomar decisiones sentimentales. Su amor es de los de toda la vida. Es optimista y alegre. El éxito y la suerte los tiene asegurados en cualquier trabajo que emprenda.

Asunción

ORIGEN: **Latino**
SIGNIFICADO: **Elevación**
CARÁCTER: Le gusta comenzar los temas de conversación. comprende muy bien los problemas relacionados con la pareja. No le gustan los excesos incontrolados y ella misma se impone sus limitaciones. Tiene un corazón sincero y generoso.

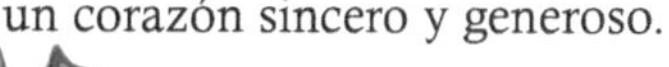

Augusto

ORIGEN: **Latino**
SIGNIFICADO: **Sagrado**
CARÁCTER: Es brillante e inteligente. No puede hacer nada injusto, ya que su conciencia no se lo permite. Es optimista y alegre. Sus temas de interés son todos los relacionados con la comunicación.

Aurelio

ORIGEN: **Latino**
SIGNIFICADO: **Oro, brillante**
CARÁCTER: Es impaciente e inquieto. Muy activo y emprendedor. Tiene capacidad para la organización y es muy razonable. Es bastante pasional y le gusta el orden y la justicia. Expresa sus pensamientos con arte.

Aurora

ORIGEN: **Latino**
SJGNIFICADO **Luz rosada del amanecer**
CARÁCTER: Es aventurera y tiene mucha iniciativa. Es luchadora y siempre aporta claridad e ilusiones a los demás. Es comunicativa y se adapta fácilmente a cualquier circunstancia.

Azucena

ORIGEN: **Árabe**
SIGNIFICADO: **Lirio**
CARÁCTER: No le importa ser ella la que dé el primer paso. Es aventurera y tiene iniciativa propia Tiene mucha intuición y es receptiva. Es generosa y aporta seguridad y claridad de ideas.

B

Balbino

ORIGEN: **Latino**
SIGNIFICADO: **Perteneciente a Balbus**
CARÁCTER: En el terreno de los sentimientos todo le ocurre de forma providencial. Es servicial y busca siempre la unificación y el equilibrio. Incita a los demás a la búsqueda del conocimiento y de la verdad. Inspira confianza y seguridad.

Bárbara

ORIGEN: **Griego**
SIGNIFICADO: **Extranjera**
CARÁCTER: Le gusta viajar y descubrir nuevas tierras. Interiormente es muy sentimental, pero los demás suelen ver sólo su parte lógica y racional. Suele ser pionera en temas que estén más allá de su ámbito natural.

Bartolomé

ORIGEN: **Hebreo**
SIGNIFICA DO: **Abundante en surcos, venerable**
CARÁCTER: Es muy optimista y tiene muy buen sentido del humor. Es muy intuitivo y altruista. Se adapta muy bien a cualquier circunstancia y es portador de equilibrio y armonía.

Basilia

ORIGEN: Griego
SIGNIFICADO: Reina
CARÁCTER: Sabe por experiencia que lo que se planta se recoge. Le gusta hacer cada cosa a su tiempo. Suele tener amigos influyentes. Tiene capacidad para ejercer el mando y el liderazgo. Sabe solucionar con maestría cualquier conflicto que se le plantea.

Beatriz

ORIGEN: latino
SIGNIFICADO: **Trae la felicidad**
CARÁCTER: Con su ejemplo y su altruismo hace que los demás reorienten sus caminos. Tiene mucha riqueza interior, pero le cuesta traducirla a palabras. La felicidad que da es la de su amor desinteresado al prójimo.

Begoña

ORIGEN: **Vasco**
SIGNIFICADO: **Lugar del cerro dominante**
CARÁCTER: Tiene una amplia visión de las cosas. Es muy impaciente y le gusta que todo esté en el momento. Posee una belleza interna envidiable. Le gusta el arte, la decoración y la poesía. Generalmente es portadora de buena suerte.

Belén

ORIGEN: **Hebreo**
SIGNIFICADO: **Casa del pan**
CARÁCTER: Aunque parezca poquita cosa, sin embargo, es grande. Aunque parezca pobre, no obstante, es rica, ya que posee infinidad devirtudes que hacen que sin ella los demás se encuentren vacíos.

Benedicta

ORIGEN: Latino
SIGNIFICADO: **Bendecida**
CARÁCTER: Es emprendedora y trabajadora. Es muy optimista y no le cuesta tomar decisiones. Convence a los demás de forma natural. Tiene capacidad para ir hasta el final de cualquier cosa que emprenda. Es generosa y expansiva.

Benito

ORIGEN: **Latino**
SIGNIFICADO: **Bendecido**
CARÁCTER: Emprendedor y trabajador. Suele ser el que rompe el hielo en las reuniones y el que propone formas de diversión. Convence con mucha facilidad. Tiene pocos objetivos pero muy claros.

Benjamín

ORIGEN: **Hebreo**
SIGNIFICADO: **Hijo de la derecha**
CARÁCTER: No suele cometer muchos errores para aprender en la vida. Tiene mucha fe y confianza en sus mayores y, normalmente, sigue sus consejos. Siempre tiene un aire infantil sea cual sea su edad.

Bernardina

ORIGEN: **Germano**
SIGNIFICADO: **Osa Fuerte (guerrera fuerte)**
CARÁCTER: Es persistente y no se cansa ante las dificultades. Tiene capacidad de síntesis, de resolución, de llegar hasta el final de cualquier asunto. Por poco que se esfuerce recibirá muchos frutos, tanto a nivel material como sentimental.

Berta

ORIGEN: **Germano**
SIGNIFICADO: **Brillante**
CARÁCTER: exterioriza sus sentimientos con arte y poesía. Tiene iniciativa propia y no le cuesta mucho tomar las decisiones. Es emprendedora y le gusta comenzar cosas, aunque también terminarlas; lo que no soporta es dejarlas a medias.

Blanca

ORIGEN: **Germano**
SIGNIFICADO: **Brillante**
CARÁCTER: Sus intenciones son siempre buenas y altruistas. Tiene capacidad para arreglar los conflictos pacíficamente. Aporta claridad y unión ahí donde reina la confusión y la discordia. Es bastante original y tiene mucha imaginación.

Borja

ORIGEN: **Hispano**
SIGNIFICADO: **Cabaña**
CARÁCTER: Se carácteriza por su sencillez y franqueza, por lo cual inspira confianza de inmediato. Las circunstancias favorecerán un destino con suerte, aunque antes tenga que superar algún que otro conflicto amoroso

Braulio

ORIGEN: **Germano**
SIGNIFICADO: **Fuego, espada**
CARÁCTER: Maneja muy bien lenguaje hablado y escrito. Es un experto en todo lo relacionado con la mente humana. Se le dan muy bien los negocios y las relaciones humanas.

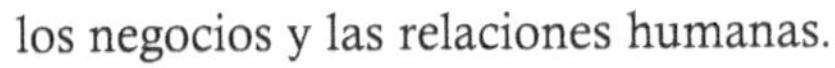

Brígida

ORIGEN: Celta
SIGNIFICADO: La excelsa
CARÁCTER: Le gusta todo aquello que se relaciona con la ley, el orden y la justicia. Tiene capacidad organizativa. Le gustan más las personas prácticas que los charlatanes que sólo hablan de teorías. Si sabe canalizar su actividad mental, puede proporcionarle grandes beneficios.

Bruno

ORIGEN: Germano
SIGNIFICADO: Moreno
CARÁCTER: Medita mucho antes de actuar o tomar una decisión, pero, generalmente, toma el camino adecuado. Le gusta el orden y el respeto, y desearía que todo el mundo guardase las normas de convivencia.

Camelia

ORIGEN: Latino
SIGNIFICADO: Camello

Historia: La camelia es una flor que trajo de Asia a Europa el Jesuíta Camelli (Camello).

CARACTER: Es alegre, optimista y expansiva, y suele contagiar a los demás de estas cualidades. Sus deseos se cumplen con mucha facilidad. No le gusta dejar las cosas a medias. Tiene capacidad de síntesis y análisis.

Candelaria

ORIGEN: Latino
SIGNIFICADO: Vela, candela
CARACTER: Es muy simpática y muy comunicativa. Dice las cosas como las siente. Siempre está mentalmente activa, y es muy impaciente. Es portadora de claridad y conocimiento.

Cándida

ORIGEN: Latino
SIGNIFICADO: Incandescente, clara
CARÁCTER: Le gusta meditar muy bien todo lo que hace para no equivocarse. Es intuitiva, generosa y receptiva. Es muy buena organizadora e inspira a los demás inquietudes en el trabajo.

Caridad

ORIGEN: **Latino**
SIGNIFICADO: **Amor**
CARÁCTER: Es muy justa y razonable. Le gusta dar a los demás sólo lo que se merecen, aunque se apiada de todos. Es un poco artista y tiene mucha iniciativa.

Carla

ORIGEN: **Latino**
SIGNIFICADO: **Poderosa**
CARÁCTER: En el terreno emotivo, todo lo que le ocurre es providencial. Siempre está en movimiento y tiene habilidad para los trabajos intelectuales. Normalmente se crea objetivos claros y seguros.

Carlos

ORIGEN: **Germano**
SIGNIFICADO: **Poderoso**
CARÁCTER: Ama la justicia y el orden. Su valentía es inquebrantable. Si se empeña, puede lograr cualquier cosa que se proponga. Le gusta recrearse en sus pequeños o grandes logros.

Carlota

ORIGEN: **Germano**
SIGNIFICADO: **Mujer fuerte, poderosa**
CARÁCTER: Aporta felicidad a los demás. Le gusta ser justa y razonable con todos. Es altruista y tiene buen corazón. Tiene capacidad para ser maestra y cuidar niños. Soporta la adversidad con valentía y resignación.

Carmen

ORIGEN: **Hebreo**
SIGNIFICADO: **Viña de Dios**
CARÁCTER: Es muy servicial e intuitiva. Afronta los trabajos con resignación y valentía. Normalmente se distingue por su capacidad de amar al prójimo; no teóricamente, sino en la práctica.

Carmelo

ORIGEN: **Hebreo**
SIGNIFICADO: **Viña de Dios**
CARÁCTER: Es bastante creativo y comunica sus sentimientos con bastante lógica y perfección. Es muy trabajador y todo lo que hace lleva un poco de arte.

Carmina

ORIGEN: **Hebreo**
SIGNIFICADO: **viña de Dios**
CARÁCTER: Es justa y equilibrada. Tiene capacidad para organizar cualquier empresa. Inspira confianza y seguridad. Le gustan las relaciones estables y duraderas. Se le da bien la enseñanza, incluso sin pretenderlo. Aporta armonía y luz a la sociedad.

Carolina

ORIGEN: **Germano**
SIGNIFICADO: **Mujer fuerte, poderosa**
CARÁCTER: Aporta felicidad a los demás. Le gusta ser justa y razonable con todos. Es altruista y tiene buen corazón. Tiene capacidad para ser maestra y cuidar niños. Soporta la adversidad con valentía y resignación.

Casilda

ORIGEN: **Arabe**
SIGNIFICADO: **Cantar**
CARÁCTER: Es prudente y precavida. Nunca toma decisiones sentimentales a la ligera. Le gusta la música, el arte y la belleza. Tiene capacidad de decisión y es bastante hábil para los inicios.

Catalina

ORIGEN: **Griego**
SIGNIFICADO: **Inmaculada, pura**
CARÁCTER: Es optimista y generosa. Es expansiva y siempre tiene buen humor. Tiene fuerza de voluntad y no se acobarda ante nada. Le gustan las cosas muy claras y muy limpias. Es muy trabajadora y sabe poner a cada uno en su sitio.

Cecilia

ORIGEN: **Latino**
SIGNIFICADO: **Corta de vista (relativo al dios Coeculus)**
CARÁTER: Capta muy bien los detalles, lo pequeño, lo que pasa desapercibido para los demás. Tiene muy buen oído musical. En el terreno sentimental, le gusta dar la cara y normalmente obtiene resultados. Es autodidacta, aventurera e impulsiva.

Celeste

ORIGEN: **Latino**
SIGNIFICADO: **Celestial**
CARÁCTER: Es muy simpática, agradable y atractiva. Tiene un aire infantil y celestial sea cual sea su edad. Es original y le gusta que cada cosa esté en su sitio.

Celestino

ORIGEN: **Latino**
SIGNIFICADO: **Relativo a Celeste, celestial**
CARÁCTER: Es optimista, alegre y tiene muy buenos senti-
mientos. Es muy despierto y bastante intelectual. Aporta a los
demás ánimo y apoyo para que lleven a cabo sus propósitos.
Tiene habilidad para resumir cualquier cosa.

Celia

ORIGEN: **Latino**
SIGNIFICADO: **Caída del cielo**
CARACTER: Tiene muy buen oído musical y gran capacidad para
componer música o poesía Es muy amable en el trato con los demás,
y su presencia siempre es una bendición.

César

ORIGEN: **Latino**
SIGNIFICADO: **Melenudo**
CARÁCTER: Tiene capacidad para el mando y madera de líder. E n
cualquier grupo, siempre es él el que toma las decisiones y pone la
primera piedra. Tiene mucha fuerza física y mental. Es un artista
para los negocios y convence con facilidad.

Clara

ORIGEN: **Latino**
SIGNIFICADO: **Ilustre brillante**
CARÁCTER: Bastante espiritual. Le gustan las cosas claras. y ella
procura serlo al máximo. Hace cada cosa a su tiempo. Es muy
original y tiene ideas trascendentes.

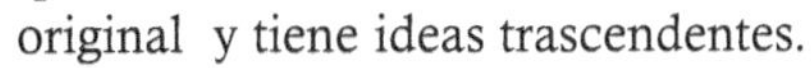

Claudia (nombre muy ilustre en Roma)

ORIGEN: **Latino**
SIGNIFICADO: **Coja. Perteneciente a una gens romana**
CARÁCTER: Es muy femenina y bastante maternal. Entiende muy bien los temas sentimentales. Es amante de la ley y de la razón. Es muy precavida y bastante sensata. Aporta a los demás organización y sentido de la justicia.

Clemente

ORIGEN: **Latino**
SIGNIFICADO: **Indulgente, dulce, benigno**
CARÁCTER: Su amor es sincero y para toda la vida. Es bastante artista y tiene mucha suerte. Perdona a los demás con mucha facilidad. Generalmente suele tener éxito en la vida.

Clotilde

ORIGEN: **Germano**
SIGNIFICADO: **Guerrera, gloriosa**
CARÁCTER: Es afortunada en amores y comunica con arte sus sentimientos. Es razonable, justa y organizada. Tiene fuerza de voluntad y suele ser conocida por su empuje, valentía y afán de lucha.

Concepción

ORIGEN: **Latino**
SIGNIFICADO: **Concebir, contener**
CARÁCTER: Le gusta buscar el lado lógico de las cosas. Es pacifista, y a menudo, lo demuestra con la práctica. Si todo el mundo hiciera caso de sus ideales, viviríamos en un paraíso.

Consolación

ORIGEN; Latino
SIGNIFICADO: **Alivio**
CARÁCTER: Tiene mucha imaginación y muy buena memoria. Es capaz de juzgar correctamente cada situación. Suele respetar las normas y las leyes de los demás, y le gusta que respeten las suyas. Su compañía resulta siempre consoladora.

Coral

ORIGEN: Latino
SIGNIFICADO: **Piedrecita**
CARÁCTER: Tiene mucha fuerza de voluntad, capacidad para el liderazgo y la toma de decisiones y empuje. Es generosa y goza de cierta protección de los demás. Es intuitiva y le gusta unir a los que están enfadados.

Covadonga

ORIGEN: Latino
SIGNIFICADO: **Cueva de la Señora (de la Virgen)**
CARÁCTER: Es protectora y sensible con todos los que ama. Tiene mucha energía y es muy inquieta y activa. Es aventurera y le gusta el riesgo, aunque nunca actúa a lo loco. Es muy respetuosa con las leyes, sobre todo a nivel mental.

Cristian

ORIGEN: Latino
SIGNIFICADO: **Seguidor de Cristo**
CARÁCTER: Es noble y comprensivo. Le gusta que las cosas sean fáciles y prefiere no gastar su tiempo en las cosas complicadas. Es muy optimista y bastante afortunado.

Cristina

ORIGEN: **Latino**
SIGNIFICADO: **Que sigue a Cristo**
CARÁCTER: Normalmente es muy independiente. Siempre pone una chispa de alegría en el ambiente. Le gustan los buenos modales y, generalmente, es una mujer con suerte.

Cristóbal

ORIGEN: **Griego**
SIGNIFICADO: **Portador de Cristo**
CARÁCTER: Es muy dinámico y emprendedor. Siempre está ocupado haciendo cualquier cosa. Es providencial, porque aparece justo cuando se le necesita. Es muy intuitivo y bastante generoso. Es aventurero y descubridor.

Damián

ORIGEN: **Griego**
SIGNIFICADO: **Domador**
CARÁCTER: Es muy ordenado y nunca actúa a lo loco. Mide muy bien cada paso que da y muy raramente se equivoca. Es experto en cualquier tema relacionado con las leyes o con las normas. Su idea de justicia es la del rey Salomón (1).

Daniel

ORIGEN: **Hebreo**
SIGNIFICADO: **Dios es mi juez**
CARÁCTER: Es muy habilidoso y le gusta el arte y la música. Interpreta los misterios s y los sueños con particular maestría e inspiración. Siempre es elegido para puestos de confianza y asesoramiento.

---

(1) Cuenta la Biblia que se presentaron ante él dos mujeres de mala vida con un niño que reclamaba cada una como suyo, pues las dos habían dado a luz y uno de los dos niños había muerto. Salomón, para solucionar el problema, pidió que le trajeran una espada y ordenó que partieran al niño que había sobrevivido por la mitad para dar a cada una su parte. Entonces la verdadera madre pidió al rey que, por favor, diera el niño a la otra mujer. Así supo cual de las dos era la verdadera madre.

David

ORIGEN: **Hebreo**
SIGNIFICADO: **Amado**
CARÁCTER: Su entusiasmo dialéctico convence a los demás, contagiándoles de voluntad para 11evar a cabo sus propósitos. Es capaz de vencer las adversidades por muy fuertes que parezcan. Se siente amado y protegido por una fuerza superior.

Débora

ORIGEN: **Hebreo**
SIGNIFICADO: **Abeja**
CARÁCTER: Es despierta y mentalmente activa. Tiene iniciativa y afán de superación. Sus obras son siempre apreciados por los demás. Es comunicativa y de sentimientos claros.

Desírée (variante francesa de Desideria)

ORIGEN: **Latino**
SIGNIFICADO: **Deseable**
CARÁCTER: Le gusta ser guía y tomar la iniciativa. Es impulsiva en el terreno de los sentimientos, pero en otra cuestiones es más precavida. Tiene un encanto especial y despierta optimismo, alegría y amor en mucha gente.

Diana

ORIGEN: **Latino**
SIGNIFICADO: **De naturaleza celestial**
CARÁCTER: Es muy femenina y su presencia es sinónimo de armonía. Se preocupa bastante por las formas y los contornos y es muy razonable. Es muy suave en el trato y muy servicial.

Diego

ORIGEN: **Griego**
SIGNIFICADO: **Instruido**
CARÁCTER: Siempre tiene respuesta para todo. Si por circunstancias le toca mandar, lo hará sin prepotencia, como un servicio al prójimo. Tiene madera de líder y los objetivos muy claros.

Dionisio

ORIGEN: **Latino**
SIGNIFICADO: **Dios del vino**
CARÁCTER: Es muy original y parece que siempre está más allá de su tiempo. Vive constantes transformaciones, sobre todo en su forma de pensar. Es muy respetuoso en su forma de actuar y suele respetar las normas ajenas.

Dolores

ORIGEN: **Latino**
SIGNIFICADO: **La que sufre**
CARÁCTER: Es dulce y apacible. Entrega todo a los demás, pero, a veces, ella se queda sin nada. Sufre por cualquier cosa. Aunque sea capaz de crear ambientes de fiesta y diversión, ella es la que menos los disfruta.

Domingo

ORIGEN: **Latino**
SIGNIFICADO: **Del Señor**
CARÁCTER: Se siente muy seguro de sí mismo. Tiene empuje, decisión y mucha fuerza de voluntad. Ama la vida y lo transmite a los demás con alegría. Nunca deja las cosas a medias y es muy buen organizador.

Doroteo

ORIGEN: Griego*SIGNIFICADO:* **Don de Dios**
CARÁCTER: Es optimista y le gusta ver el lado bueno de la
vida. Tiene mucha fuerza de voluntad y contagia a los demás
de ella. Es emprendedor y tiene capacidad para sacar adelante
muchos proyectos diferentes.

Edelmira

ORIGEN: **Germano**
SIGNIFICADO: **Ilustre por sus luchas**
CARÁCTER: Es muy activa y trabajadora. Tarde o temprano los demás
terminan reconociendo su lucha y su valentía. Es bastante creativa,
sobre todo a nivel mental. Es un poco aventurera y no le importa
arriesgarse po lo que cree importante.

Eduardo

ORIGEN: **Germano**
SIGNIFICADO: **Guardián de riquezas**
CARÁCTER: Es muy suave en el trato con los demás. Le gusta pasar-
lo bien. A menudo debe tomar decisiones y ejercer el mando, pero le
cuesta mucho hacerlo. Generalmente es bastante optimista y
comunicativo.

Eladia

ORIGEN: Griego
SIGNIFICADO: **Procedente de Las Helas (Grecia)**
CARÁCTER: Es muy femenina y maternal. Tiene mucha imaginación y es capaz de llevarla a la práctica. Por poco que se esfuerce, obtiene siempre muchos frutos y resultados. Resume y analiza las cosas con mucha facilidad.

Eladio

ORIGEN: Griego
SIGNIFICADO: **Procedente de las helas (Grecia)**
CARÁCTER: Es comunicativo y se relaciona con facilidad. Tiene capacidad para llevar a la práctica sus ideas. Es muy convincente y está especialmente capacitado para las relaciones comerciales.

Elena

ORIGEN: Griego
SIGNIFICADO: **Resplandeciente**
CARÁCTER: Le gusta el deporte, es noble y luchadora. No le gusta perder Le atraen las competiciones. Su presencia se nota donde quiera que este, ya que suele destacar en cualquier asunto que emprenda.

Eleutería

ORIGEN: Griego
SIGNIFICADO: **Libre**
CARÁCTER: Es comunicativa y expresa muy bien sus sentimientos. Tiene ojo comercial y es muy hábil. Le gustan las profesiones donde pueda sentirse libre. Es generosa, aunque de forma equitativa. Es feliz cuando se siente útil para los demás.

Elia

ORIGEN: **Griego**
SIGNIFICADO: **El sol**
CARÁCTER: Es simpática, alegre y optimista. Su personalidad es de las que pueden brillar con luz propia. Es comunicativa. Le gusta divertirse, pero siempre dentro de un orden.

Elías

ORIGEN: **Hebreo**
SIGNIFICADO: **Jehová es mi Dios**
CARÁCTER: Es sociable y muy hábil en las relaciones públicas. Todas sus obras llevan un toque de perfección. Es bastante lógico y bastante comerciante. Se suele preguntar a sí mismo muchas cosas en poco tiempo.

Elisa

ORIGEN: **Hebreo**
SIGNIFICADO: **Dios ha ayudado**
CARÁCTER: Tiene capacidad para el estudio, ya que asimila con facilidad cualquier cosa. Es muy buena vendedora y puede ser una gran escritora. Sus palabras siempre tienen algo de arte. Convence. con mucha facilidad.

Eloisa

ORIGEN: **Latino**
SIGNIFICADO: **Elegir**
CARÁCTER: Comunica con arte y elegancia cualquier idea o sentimiento y elige con precisión las palabras adecuadas. Es muy buena para los negocios o el comercio. Sabe discernir muy bien entre lo que le conviene y lo que no le conviene. El arte, la belleza y la comunicación son sus ocupaciones preferidas.

Eloy

ORIGEN: **Latino**
SIGNIFICADO: **Elegir**
CARÁCTER: Es muy servicial y actúa con mucho sentido común en todo lo relacionado con lo sentimental. Teóricamente lo ve todo muy fácil y con mucho optimismo. Es muy activo y tiene capacidad de líder.

Elsa (Hipocorístico de Elisa)

ORIGEN: **Hebreo**
SIGNIFICADO: **Dios ha ayudado**
CARÁCTER: Tiene dotes para el estudio, pues asimila muy bien las materias. Se le da muy bien el comercio y las letras. Sus palabras siempre tienen algo de arte. Convence con mucha facilidad.

Elvira

ORIGEN: **germano**
SIGNIFICADO: **amable**
CARÁCTER: Es muy generosa y lo entrega todo a cambio de nada. Le gusta hacer todo a lo grande. Es muy optimista y comunicativa. No se le escapa nada novedoso y tiene don de mando.

Emilia

ORIGEN: **Griego**
SIGNIFICADO: **Amable, graciosa**
CARACTER: Especialista en arreglar cosas que ya están terminadas, situaciones límite. Es buena organizadora y un poco aventurera. Tiene iniciativa y capacidad de decisión. El peligro no supone un obstáculo para ella.

Emiliano

ORIGEN: **Griego**
SIGNIFICADO: **Amable, gracioso**
CARÁCTER: Sabe muy bien lo que quiere y lo expresa con inteligencia y claridad. Tiene capacidad para el comercio y es hábil en las relaciones públicas. Es comunicativo y sabe crear muy buenos ambientes.

Emilio

ORIGEN: **Griego**
SIGNIFICADO: **Amable, gracioso**
CARÁCTER: Le gusta empezar muchas cosas, pero todo lo que empieza lo termina. No es de los que hablan por hablar, sino que cumplen todo aquello que prometen. Generalmente disfruta haciendo reir a los demás.

Emma

ORIGEN: **Germano**
SIGNIFICADO: **Fuerte**
CARÁCTER: Tiene mucha creatividad y comunica sus sentimientos con perfección y armonía. Es muy razonable y defensora del derecho. Aporta a los demás decisión y fuerza de voluntad.

Encarnación

ORIGEN: **Latino**
SIGNIFICADO: **El Verbo hecho carne**
CARÁCTER: Es muy activa y trabajadora. Tiene ideas sublimes. Su experiencia en el campo emotivo le hace ser muy buena consejera sentimental. Es muy justa y razonable.

Enrique

ORIGEN: **Germano**
SIGNIFICADO: **Dueño de la casa**
CARÁCTER: Tiene gran capacidad de síntesis y análisis. Persona que ve claramente los defectos propios y los de los demás. Buen periodista, sobre todo en el campo de lo que empieza o del tema espiritual .

Enriqueta

ORIGEN: **Germano**
SIGNIFICADO: **Dueña de la casa**
CARÁCTER: Es romántica y exterioriza sus sentimientos con pasión y sinceridad. Es generosa y sabe escuchar a los demás. Tiene mucho autodominio y autoconfianza. Es sociable, decisiva y autodidacta.

Ernesto

ORIGEN: **Germano**
SIGNIFICADO: **Firme, tenaz**
CARÁCTER: Es muy optimista. pero comprende muy bien a los pesimistas. Sabe muy bien lo que quiere y tiene los objetivos muy claros, por eso es muy difícil hacerle cambiar de opinión. Tiene capacidad ejecutiva y organizadora.

Eros

ORIGEN: **Griego**
SIGNIFICADO: **Dios del amor**
CARÁCTER: Busca siempre el equilibrio y la perfección, tanto a nivel de sentimientos como en el plano mental. Inspira creatividad, amor y arte. Es optimista, alegre y suele tener bastante éxito en la vida, aunque, a veces, le cuesta creerlo.

Esmeralda

ORIGEN: **Latino**
SIGNIFICADO: **Piedra preciosa verde**
CARÁCTER: Es muy valiosa y muy querida por su medio ambiente. Su suerte es envidiable y se siente protegida por la providencia. Su compañía produce alegría y bienestar. Es atractiva y muy femenina.

Esperanza

ORIGEN: **Latino**
SIGNIFICADO: **Deseo**
CARÁCTER: Su deseo es embellecer y perfeccionar todo lo que toca, y termina consiguiéndolo. Es portadora de paz y de suerte. Tiene buen carácter. Aunque "la procesión va por dentro".

Esteban

ORIGEN: **Griego**
SIGNIFICADO: **Coronado**
CARÁCTER: Es alegre, optimista y muy sensible. Le gusta destacar en cualquier grupo u organización. Tiene capacidad para el liderazgo. No tiene límites a la hora de dar o pedir algo.

Estefanía

ORIGEN: **Griego**
SIGNIFICADO: **Coronada**
CARACTER: Es muy sensible, alegre y agradable. Le gusta participar en debates. Normalmente vence en la dificultad. Su meta es armonizar todo lo que sea inarmónico en su ambiente social.

Estela

ORIGEN: **Latino**
SIGNIFICADO: **Estrella**
CARÁCTER: E

s muy generosa y su presencia aporta alegría y optimismo. Es muy peculiar y bastante comunicativa. Busca siempre el máximo resultado en todo lo que hace.

Esther

ORIGEN: **Persa**
SIGNIFICADO: **Estrella**
CARÁCTER: Temperamento audaz. Tiene muchos deseos de abrirse camino en la vida aunque le cueste trabajo. Tiene ideas muy originales y capacidad para la enseñanza.

Estibaliz

ORIGEN: **Vasco**
SIGNIFICADO: **Que sea de miel, dulce**
CARACTER: Es muy querida y apreciada por todos los que la rodean. Consigue mucho sin esforzarse demasiado. Es muy afortunada y bastante atractiva. Aporta a los demás originalidad y armonía.

Estrella

ORIGEN: **Latino**
SIGNIFICADO: **Que lleva luz, lucero**
CARÁCTER: Les gusta ser guía hacia el conocimiento de lo verdadero. de todo lo verdadero que ella lleva dentro. Es muy original en todo lo que hace. Disfruta enseñando lo que sabe a los demás.

Eugenia

ORIGEN: **Griego**
SIGNIFICADO: **Bien nacida**
CARÁCTER: Se afana por tener contento a todo el mundo.
Es muy servicial y predica con el ejemplo. Nunca echa nada
en cara. Se esfuerza por hacer las cosas bien y siempre encuen-
tra tema de conversación.

Eugenio

ORIGEN: **Griego**
SIGNIFICADO: **Bien nacido**
CARÁCTER: Tiene capacidad artística y muy buena voluntad. No se
siente completo si está solo. Es habilidoso para hacer muchas cosas
y no le falta iniciativa.

Eusebio

ORIGEN: **Griego**
SIGNIFICADO: **El piadoso**
CARÁCTER: Siempre logra el equilibrio sentimental después de. algunos contratiempos. En su corazón entra todo el mundo y perdona con
facilidad. Con su esfuerzo consigue crear paz y armonía en su entorno.

Eva

ORIGEN: **Hebreo**
SIGNIFICADO: **Dadora de vida**
CARACTER: Es muy maternal. Le gustan mucho los niños. Es creativa Es bella y tiene cierto aire de ingenua. El arte, la belleza y el cuidado del cuerpo son sus ocupaciones favoritas.

Fabiola

ORIGEN: **Latino**
SIGNIFICADO: **Haba (alimento muy importante en Roma)**
CARÁCTER: Es portadora de claridad y de buena suerte. Sabe lo que quiere y no cambia fácilmente de idea. Es muy fiel en los asuntos del corazón. Busca siempre el máximo rendimiento en todo. Mentalmente es muy despierta.

Fátima

ORIGEN: **Árabe**
SIGNIFICADO: **Doncella**
CARÁCTER: Es Justa y no le importa sacrificarse un poco para que los demás estén bien. Es muy prudente y no hace las cosas a lo loco. Cuando se convierte en madre lo asume con mucho amor y responsabilidad. Todos se sienten un poco protegidos por ella.

Federico

ORIGEN: **Germano**
SIGNIFICADO: **Príncipe de la paz**
CARÁCTER: Es un gran intermediario para conciliar las partes enfrentadas. Aporta optimismo y alegría donde quiera que va. Su imaginación es muy poderosa y generalmente obtiene aquello que desea.

Felipa

ORIGEN: Griego
SIGNIFICADO: **Amiga de los caballos**
CARÁCTER: Sabe llevar muy bien las riendas de cualquier negocio o relación social. Comunica exactamente lo que quiere comunicar. Aporta a la sociedad su generosidad, su sabiduría y su altruismo.

Felipe

ORIGEN: Griego
SIGNIFICADO: **Amigo de los caballos**
CARÁCTER: Es bastante precavido y deliberante. Tiene muy buenos modales y le gusta arreglar las disputas razonando. Suele crear un ambiente bastante agradable. Le gustan los animales y es portador de unión y armonía.

Felisa

ORIGEN: Latino
SIGNIFICADO: **Feliz, fértil**
CARÁCTER: Es abierta, aventurera, y le sobra energía para trabajar o hacer cualquier cosa. No concibe un mundo sin justicia. Tiene mucho sentido común y siempre aporta un poco de felicidad a cuántos la rodean.

Félix

ORIGEN: Latino
SIGNIFICADO: **Fértil, feliz**
CARÁCTER: Es muy comunicativo. Tiene mucha fuerza de voluntad. Su deseo es hacer feliz a todo el mundo. En el fondo es un poeta y un gran artista.

Fermín

ORIGEN: Latino
SIGNIFICADO: Firme
CARACTER: Tiene ideas muy razonables y le gusta tomar la iniciativa. Tiene valentía y empuje. Es firme en sus decisiones. Sus compromisos son sólidos y duraderos. Es creativo, sobre todo en el tema sentimental, y le gusta superarse.

Fernando

ORIGEN: Germano
SIGNIFICADO: Osado en la paz
CARÁCTER: Carácter pacífico. Es muy decidido con tal de conseguir que reine la paz. Es muy simpático y divertido, aunque lo demuestra más fuera de casa.

Fidel

ORIGEN: Latino
SIGNIFICADO: Fiel
CARÁCTER: En general tiene bastante suerte y está capacitado para obtener éxito fácilmente. Inspira confianza a los demás de una manera espontánea y natural. Es muy activo, amante de la justicia y también un buen artista.

Flor

ORIGEN: Latino
SIGNIFICADO: diosa de las flores
CARÁCTER: Tiene aptitudes para la música y la poesía. Tiene fuerza de voluntad, decisión y empuje. Le gusta la armonía y la belleza y procura crear un ambiente de paz a su alrededor. Es aventurera. Es receptiva y tiene mucha intuición.

Florencio

ORIGEN: **Latino**
SIGNIFICADO: **Floreciente**
CARÁCTER: Es alegre y optimista, y contagia al ambiente de ello. Es creativo y original, y pone su toque de belleza en cualquier cosa que hace. Se relaciona con gente de muy distinta forma de ser.

Francisca

ORIGEN: **Latino**
SIGNIFICADO: **Francesa (libre)**
CARÁCTER: Suele ser, por lo general, muy trabajadora. Nunca se queda parada. siempre busca algo que hacer. También es emprendedora y muy buena vendedora.

Francisco

ORIGEN: **Latino**
SIGNIFICADO: **Francés (libre)**
CARÁCTER: Sabe distinguir muy bien entre lo blanco y lo negro, entre lo que está bien y lo que está mal. Aparece siempre ante los demás de forma providencial. Tiene mucha intuición y no se anda por las ramas.

Gabriel

ORIGEN: **Hebreo**
SIGNIFICADO: **Hombre de Dios**
CARÁCTER: Tiene espíritu de mensajero y comerciante, pues es muy comunicativo. Con su verbo hace que se restablezca la paz. Supera bien las pruebas del destino, aunque, a veces, le gusta mirar hacia atrás y refugiarse en el pasado.

Gabriela

ORIGEN: **Hebreo**
SIGNIFICADO: **Mujer de Dios**
CARÁCTER: Consigue cualquier cosa que se proponga, sobre todo en el terreno sentimental. Es muy simpática y tolera muy bien las opiniones de los demás. Tiene fluidez de vocabulario.

Gema

ORIGEN: **Latino**
SIGNIFICADO: **Piedra preciosa**
CARÁCTER: Le viene muy bien el dicho de "más vale caer en gracia que ser graciosa", ya que suele caer bien. Es muy activa y emprendedora, y suele dirigirse hacia objetivos concretos. Lo que más atrae de ella es su belleza física e interna.

Gerardo

ORIGEN: **Germano**
SIGNIFICADO: **Audaz con la lanza**
CARÁCTER: Es un idealista. Tiene ideas muy atrevidas y originales. pero le cuesta un poco llevarlas a la práctica. Le da muchas vueltas al pasado. Es buen conversador y muy hábil haciendo trabajos manuales.

Germán

ORIGEN: **Latino**
SIGNIFICADO: **Hermano**
CARÁCTER: Tiene un trato muy suave con el sexo opuesto. Es romántico y expresa poéticamente sus sentimientos. Es muy diplomático y usa siempre el sentido común. A veces es demasiado generoso y optimista.

Gloria

ORIGEN: **Latino**
SIGNIFICADO: **Fama**
SIGNIFICADO MÍSTICO: **Cielo**
CARÁCTER: Es muy generosa Es bastante sensible y le afectan mucho las cosas. Es muy comunicativa y servicial . Se relaciona con mucha facilidad y tiene poder de convicción. Generalmente suele ser muy popular en su medio ambiente.

Gonzalo

ORIGEN: **Germano**
SIGNIFICADO: **Genio del combate**
CARÁCTER: Es muy intuitivo y siempre tiene una respuesta clara y adecuada para cada situación. Es optimista y generoso. Es original y no se deja mandar fácilmente. Su mundo sentimental es muy intenso.

Gregorio

ORIGEN: **Griego**
SIGNIFICADO: **Vigilante**
CARÁCTER: Le gusta ayudar a los demás, pero que no le tomen por tonto. Es muy generoso, pero razonando. No se deja llevar por sus impulsos sino que medita y extrae conclusiones lógicas antes de actuar o empezar algo.

Guadalupe

ORIGEN: **Árabe**
SIGNIFICADO: **Río del amor**
CARÁCTER: Es altruista y de muy buen corazón. Ama a la humanidad y no comprende las injusticias. Aporta a los demás equilibrio y les ayuda a encontrar el amor que llevan dentro.

Guillermo

ORIGEN: **Germano**
SIGNIFICGDO: **Protector**
CARÁCTER: Es desenfadado y tiene un alto sentido del humor. Es muy observador y tiene habilidad comercial. Busca siempre lo máximo en todo lo que emprende. Es especialista en temas relacionados con las comunicaciones.

Gustavo

ORIGEN: **Germano**
SIGNIFICADO: **El cetro divino**
CARÁCTER: Es muy romántico y tiene capacidad para la poesía y el arte. Tiene buen sentido del humor. Siembre tiende a buscar los puntos que unen, y no los que separan, en todos sus diálogos.

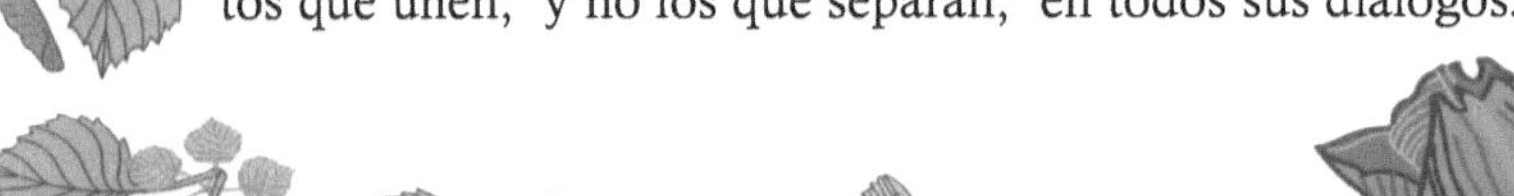

H

Héctor

ORIGEN: **Griego**
SIGNIFICADO: **El que posee**
CARÁCTER: Es muy servicial y bastante responsable. No deja ningún trabajo a medias por muy difícil que parezca. Tiene la imaginación muy clara y casi todo lo que se imagina le sucede.

Heraclio

ORIGEN: **Griego**
SIGNIFICADO: **Perteneciente a Hércules**
CARÁCTER: Comunica muy bien los sentimientos y tiene mucha fuerza de voluntad. Tiene ideas innovadoras y sabe acabar todos los trabajos que se propone.

Herminia

ORIGEN: **Germano**
SIGNIFICADO: **Enérgica**
CARÁCTER: Sabe enfrentarse a los problemas con valentía y no pierde fácilmente los estribos. No suele andarse por las ramas en el tema sentimental, sino que dice todo lo que piensa. Es portadora de belleza, armonía, lucidez y lógica.

Hernán (Hipocorístico de Fernando)

ORIGEN: **Germano**
SIGNIFICADO: **Osado en la paz**
CARÁCTER: Es pacífico. Es muy decidido con tal de conseguir que reine la paz. Es muy simpático y divertido, aunque lo demuestra más fuera de casa.

Hipólito

ORIGEN: **Griego**
SIGNIFICADO: **El que suelta los caballos**
CARÁCTER: Es generoso y nunca pide nada a cambio de los favores que ofrece. Tiene mucha intuición. Le gusta acabar las cosas y ver los frutos, los resultados. Es especialista en unir a los que han discutido. Le gusta la libertad y el aire libre.

Hugo

ORIGEN: **Germano**
SIGNIFICADO: **Inteligencia**
CARÁCTER: Siempre está preguntándose el porqué de las cosas. Le gusta dialogar y debatir con los demás. Aprende rápido y asimila con mucha facilidad. En las complicaciones, problemas y discusiones siempre sale vencedor. Es muy buen deportista.

I

Ignacia

ORIGEN: **Latino**
SIGNIFICADO: **Ardiente**
CARÁCTER: Es muy alegre y optimista. La mayoría de las veces toma ella las decisiones, sobre todo en el terreno amoroso. Es muy apasionada y tiene capacidad de síntesis y análisis.

Ignacio

ORIGEN: **Latino**
SIGNIFICADO: **Ardiente**
CARÁCTER: A veces es como un espejo para los demás, donde cada uno puede ver sus propios defectos y virtudes. Es muy justo y no se dejará corromper por nada del mundo. Tiene muy buen corazón aunque le cueste demostrarlo.

Ildefonso

ORIGEN: **Germano**
SIGNIFICADO: **Preparado para el combate**
CARÁCTER: Expresa sus sentimientos de forma artística y poética. Es creativo y busca la perfección en todo lo que hace. No le gusta dejar nada a medias y llega siempre hasta el final en todo. La suerte le suele acompañar bastante.

Indalecio

ORIGEN: **Vasco**
SIGNIFICADO: **Fuerza**
CARÁCTER: Es analítico y tiene capacidad de síntesis. No suele dejar las cosas a medias, cuando empieza algo le gusta llegar hasta el final. Tiene decisión, fuerza y empuje. Es aventurero y autodidacta. Le gusta animar a todo el mundo y les contagia de su dinamismo.

Inés

ORIGEN: **Griego**
SIGNIFICADO: **Pura, casta**
CARÁCTER: Le gusta dar la cara y llegar hasta el final de cualquier cosa. No se detiene ante nada. Tiene mucho dominio de sí misma. Tiene las ideas muy claras y es bastante original. Ama mucho a los niños y es muy femenina.

Inmaculada

ORIGEN: **Latino**
SIGNIFICADO: **Sin mancha**
CARÁCTER: Asume con alegría las funciones de. la madre. Le gustan mucho los niños y desde pequeña los cuida y los quiere. No pierde nunca los estribos. Su reputación es ejemplar.

Inocente

ORIGEN: **Latino**
SIGNIFICADO: **El que no perjudica**
CARÁCTER: Es optimista, jovial y tiene muy buen sentido del humor. Le gusta ejercer el mando o el liderazgo de vez en cuando. Tiene buen corazón y es muy sociable.

Iñaki

ORIGEN: **Latino (hipocorístico de Ignacio)**
SIGNIFICADO: **Ardiente**
CARÁCTER: A veces es como un espejo para los demás, donde cada uno puede ver sus propios defectos y virtudes. Es muy justo y no se dejará corromper por nada del mundo. Tiene muy buen corazón, aunque le cuesta demostrarlo

Iñigo

ORIGEN: **Vasco**
SIGNIFICADO: **Lugar en una pendiente**
CARÁCTER: Tiene madera de artista. Pacífico y conciliador. Sabe guardar el equilibrio y no pierde los estribos fácilmente. No le gusta la soledad y prefiere unirse a grupos o asociaciones. Tiene suerte y es portador de suerte.

Irene

ORIGEN: **Griego**
SIGNIFICADO: **Paz**
CARÁCTER: Es muy cariñosa. Le gusta inventar cosas nuevas. Cambia muy a menudo de ocupación y aprende muchas cosas. Lucha para conseguir que reine la paz.

Irma

ORIGEN: **Germano**
SIGNIFICADO: **Fuerte, enérgica**
CARÁCTER: Con su imaginación y su pensamiento puestos en práctica puede obtener resultados extraordinarios. Es my intuitiva y generosa. Tiene mucha energía y es muy sensible. Es muy receptiva.

Isabel

ORIGEN: **Hebreo**
SIGNIFICADO: **Dios es mi juramento**
CARÁCTER: Es generosa. Tiene una voluntad a prueba de bombas Siempre trata de apoyar con argumentos lógicos todo lo que inicia. Tiene mucha imaginación y, en el fondo, busca siempre la verdad.

Isidora

ORIGEN: **Griego**
SIGNIFICADO: **Don de Isis**
Es muy femenina y se sacrifica, si es preciso, por los demás. Piensa siempre mucho antes de actuar. Es jovial, alegre y optimista. Es generosa y expansiva, y transmite suerte y éxito social a todo el que se acerca a ella.

Isidro

ORIGEN: **griego**
SIGNIFICADO: **don de Isis**
CARÁCTER: Es muy activo. Siempre está haciendo algo. Se sacrifica, cuando es preciso, por los demás. Le gusta participar en debates. Es muy precavido y tiene mucha intuición.

Ismael

ORIGEN: **hebreo**
SIGNIFICADO: **Dios escucha**
CARÁCTER: Tiene facilidad de palabra y puede convencer a cualquiera. Es optimista y cree en el éxito mediante el esfuerzo y el trabajo. Siempre está mentalmente activo y sabe escuchar a los demás.

Israel

ORIGEN: **Hebreo**
SIGNIFICADO: **El que dominó a Dios**
CARACTER: Es muy hábil para los negocios y muy buen observa-dor. Tiene capacidad de persuasión. Es muy decisivo y le gusta superarse constantemente. Siempre es elegido para puestos especiales.

Ivan (forma rusa de Juan)

ORIGEN: **Hebreo**
SIGNIFICADO: **Dios es misericordioso**
CARÁCTER: Suele salir ileso de todos los líos y problemas en los que se ve metido. Los demás dicen de él que ha nacido con estrella. No soporta la vida en soledad y casi siempre suele estar en compañía.

J

Jacinta

ORIGEN: **griego**
SIGNIFICADO: **flor**
CARÁCTER: Es muy prudente en el terreno sentimental y actúa siempre con paciencia. Tiene capacidad para el cine o el teatro y es extrovertida. Aporta su ayuda y su protección a los demás sin ningún interés.

Jacinto

ORIGEN: **Griego**
SIGNIFICADO: **Flor**
CARÁCTER: Es muy receptivo y tiene capacidad para la colaboración voluntaria. Es comunicativo y tiene fuerza de voluntad para llevar a cabo cualquier cosa que se proponga.

Jaime

ORIGEN: **Hebreo**
SIGNIFICADO: **El suplantador**
CARÁCTER: Se refugia siempre en el dicho: "Cualquier tiempo pasado fue mejor". Se pregunta siempre dónde está la verdad que encierra cada cosa. Cuando tiene un problema parece que se va a hundir, pero al final siempre lo supera.

Jairo

ORIGEN: **Hebreo**
SIGNIFICADO: **Dios quiera lucir**
CARÁCTER: Tiene muy buenos sentimientos y deseos elevados. Tiene capacidad para desarrollar trabajos mentales y manuales. Se siente atraído por el tema espiritual y tiene una suerte providencial.

Javier

ORIGEN: **Vasco**
SIGNIFICADO: **Casa nueva**
CARÁCTER: Es muy intuitivo e ingenioso. Tiene ideas muy brillantes e inspiradas. Es bastante altruista. Y generalmente obtiene muchas cosas con pocos esfuerzos.

Jerónimo

ORIGEN: Griego
SIGNIFICADO: El de nombre sagrado
CARÁCTER: Despliega toda su energía para que todo salga a la perfección. Es creativo y utiliza bastante la lógica. Es especialista en ver el lado bello y poético de las cosas.

Jesús

ORIGEN: Hebreo
SIGNIFICADO: El salvador
CARÁCTER: Es original, inquieto y altruista. Siempre trata de que los demás estén bien, de que se cumplan sus esperanzas y, a menudo, lo consigue. Arregla las situaciones difíciles y desesperadas y trae paz y armonía al ambiente.

Joaquín

ORIGEN: Hebreo
SIGNIFICADO: Jehová construirá
CARÁCTER: Normalmente es el que mueve las cosas en su entorno social más próximo. Por él los demás se comunican unos con otros. También se le da bien comenzar las cosas y es buen periodista.

Joaquina

ORIGEN: Hebreo
SIGNIFICADO: Jehová es el que funda
CARÁCTER: Es caritativa y bondadosa. Su verdadera vocación es la de ayudar a los necesitados. Es muy hospitalaria, pero siempre hay alguien que intenta abusar de su hospitalidad.

Jorge

ORIGEN: **Griego**
SIGNIFICADO: **Agricultor**
CARÁCTER: Al momento todo le interesa, pero luego pierde poco a poco su interés para comenzar otra cosa. Suele ser el que planta la semilla, el que abre puertas, el iniciador nato. Le gusta el campo y el aire libre.

José

ORIGEN: **Hebreo**
SIGNIFICADO: **Dios proveerá**
CARÁCTER: Es muy inteligente. Tiene muchos amigos porque es muy servicial y bastante honesto. Es muy simpático y le gusta contar chistes. Son más los sentimientos que tiene que los que expresa realmente.

Josefa

ORIGEN: **Hebreo**
SIGNIFICADO: **Dios proveerá**
CARÁCTER: Su fe y su esperanza son inquebrantables. Por eso su propósito es hacer feliz al prójimo, transmitiéndole estos dones. Su mundo interior es más rico de lo que aparenta externamente. Es muy despierta y activa y tiene una voluntad enorme.

Josías

ORIGEN: **Hebreo**
SIGNIFICADO: **Dios cura**
CARÁCTER: Es intuitivo y sus respuestas son siempre las que uno espera recibir. Es voluntarioso y tiene mucha iniciativa propia. Habla cuando hay que hablar y es receptivo. Lo que más valora es el amor, el liderazgo y la razón.

Josué

ORIGEN: **Hebreo**
SIGNIFICADO: **Dios es salud**
CARÁCTER: Estudia minuciosamente cada detalle antes de decidirse a hacer algo. Es muy práctico y le gusta ir a lo seguro. Es tenaz y no abandona hasta obtener los frutos deseados. Salva situaciones difíciles y es portador de esperanza

Juan

ORIGEN: **Hebreo**
SIGNIFICADO: **Dios es misericordioso**
CARACTER: Suele salir ileso le todos los líos y problemas en los que se ve metido. Los demás dicen de él que ha nacido con estrella. No soporta la vida en soledad y casi siempre está en compañía.

Juana

ORIGEN: **Hebreo**
SIGNIFICADO: **Dios es misericordioso**
CARÁCTER: Tiene capacidad para hacer realidad la frase de Cristo: "Ama a tus enemigos". Es bastante sorprendente. A veces quiere empezar por el final. Se le da muy bien escribir y es buena comerciante.

Judit

ORIGEN: **Hebreo**
SIGNIFICADO: **La mujer de Judá**
CARÁCTER: Tiene muy buen gusto en el vestir y cuida mucho su aspecto físico. Le gusta el orden y tiene capacidad para proceder con justicia en cualquier asunto. Es valiente, aventurera y aporta iniciativa, voluntad y empuje.

Julia

ORIGEN: **Latino**
SIGNIFICADO: **Descendiente de Eneas (héroe troyano)**
CARÁCTER: Le atraen bastante las cosas del espíritu. Mantiene un diálogo interno que le hace tomar conciencia de muchas cosas. Muchas veces se encuentra con problemas sin saber por qué se producen, ya que ella hace todo con la mejor intención.

Julián

ORIGEN: **Latino**
SIGNIFICADO: **Descendiente de Eneas (héroe troyano)**
CARÁCTER: Es muy buen organizador. De pocas palabras, pero muy seguro y acertado en todo lo que dice. No actúa a la ligera, tiene mucho sentido práctico. Es muy alegre aunque muchas veces no lo parezca.

Juliana

ORIGEN: **Latino**
SIGNIFICADO: **Descendiente de Eneas (héroe troyano)**
CARÁCTER: Le gusta ir a lo concreto, resumir, no andarse por las ramas. Es rica en sentimientos, aunque le cueste exteriorizarlos. Es muy justa y le gusta hacer entrar en razón a los demás.

Julio

ORIGEN: **Latino**
SIGNIFICADO: **Descendiente de Eneas (héroe troyano)**
CARÁCTER: Es muy jovial y campechano. Disfruta con el arte y la belleza y tiene capacidad para pintar. Tiene mucha confianza en sí mismo. Tiene mucha suerte y consigue todo lo que se propone.

Justo

ORIGEN: **Latino**
SIGNIFICADO: **Recto, honrado**
CARÁCTER: Siempre tiene la respuesta adecuada. No le importa trabajar gratis cuando se trata de ayudar al prójimo. Es la persona adecuada para llevar cualquier puesto de confianza, ya que su conciencia no le permite mentir ni engañar.

Karina

ORIGEN: **Griego**
SIGNIFICADO: **Graciosa**
CARÁCTER: Es sentimentalmente equilibrada, justa y siempre procede con cautela. Es generosa y expansiva. Tiene gran capacidad mental y sus esfuerzos pueden ser ampliamente recompensados. Aporta lucidez, lógica y arte a su medio ambiente.

Lara

ORIGEN: **Latino**
SIGNIFICADO: **Lar, hogar, casa**
CARÁCTER: Le gusta proteger todo lo relacionado con la familia y el hogar con especial amor y altruismo. Tiene dotes de poeta y artista y sus obras siempre acaban con un toque de perfección. Utiliza la lógica, pero también la intuición. No le gusta dejar las cosas a medias.

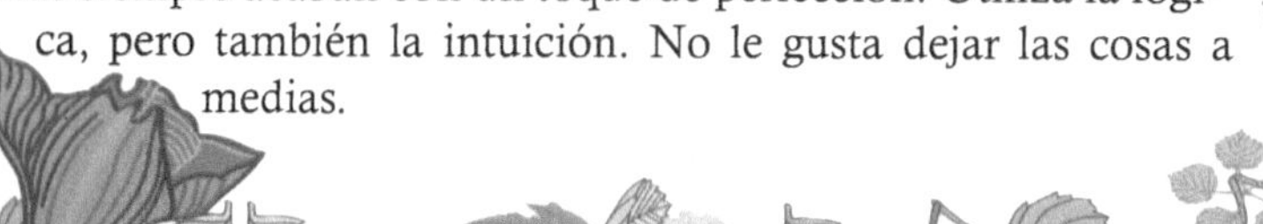

Laura

ORIGEN: **Latino**
SIGNIFICADO: **Laurel, triunfo, victoria**
CARÁCTER: Tiene muy buena voluntad y desea esclarecer todo mediante la lógica. Le gusta triunfar y tener suerte, pero sólo lo consigue cuando busca su armonía interior y se dedica a ayudar a los demás.

Lázaro

ORIGEN: **Hebreo**
SIGNIFICADO: **Dios ha ayudado**
CARÁCTER: Se siente protegido por una fuerza superior. Es generoso y receptivo. Tiene habilidades para el comercio y se le dan bien las comunicaciones. Suele ser elegido para iniciar cambios y nuevas iniciativas en el mundo social y laboral. Siempre está dispuesto a ayudar y a guiar a los demás.

Leocadia

ORIGEN: **Griego**
SIGNIFICADO: **La que procede de Leucade (Isla de rocas blancas)**
CARÁCTER: Es muy sentimental, aunque se deja llevar más por la razón. Le gusta acabar las cosas que empieza y es bastante práctica; no le gusta andarse por las ramas. No le gusta el desorden y opina que, sin leyes y sin normas, la vida en sociedad es imposible.

Leonor

ORIGEN: **Árabe**
SIGNIFICADO: **Dios es mi luz**
CARÁCTER: Es muy activa y servicial y disfruta haciendo el bien. Aporta soluciones y resuelve los conflictos de una manera providencial. Sus consejos traen claridad donde hay duda y confusión.

Leticia

ORIGEN: **Latino**
SIGNIFICADO: **Alegría**
CARÁCTER: Es muy inteligente y bastante práctica. Es muy justa y le gusta utilizar la razón para resolver los problemas. Le atrae bastante el mundo de las leyes. Es muy femenina.

Librada

ORIGEN: **Latino**
SIGNIFICADO: **Mujer libre**
CARÁCTER: Tiene mucha imaginación y suele acertar en los juicios que hace sobre los temas emocionales. Es intelectualmente activa y suele rectificar muy pronto sus errores. Aporta sentido práctico, tiene habilidad comercial y es muy observadora. Se siente completamente libre.

Lidia

ORIGEN: **Griego**
SIGNIFICADO: **Originaria de Lyd (región de Asia)**
CARÁCTER: Es muy femenina y maternal. Todo lo que piensa lo lleva a la práctica. Siempre intenta razonar sus sentimientos. No le gusta perder el tiempo y va a lo concreto. Sus consejos suelen ser acertados.

Lino

ORIGEN: **Griego**
SIGNIFICADO: **Linon: planta de la cual estaba hecho el hilo de la vida.**
CARÁCTER: Tiene decisión y empuje. Es generoso y siempre busca un punto de encuentro en las discusiones. Tiene capacidad para organizar las cosas de forma razonable y para obrar con justicia.

Lisardo

ORIGEN: **Hebreo**
SIGNIFICADO: **Dios fuerte**
CARÁCTER: Siempre llega hasta el final de cualquier situación Le gustan las cosas claras y siempre va al grano. Es generoso y tiene una suerte providencial. Tiene capacidad para el arte, la música y la poesía.

Lorea  (forma vasca de Flora)

ORIGEN: **Latino**
SIGNIFICADO: **Flor**
CARÁCTER: Es creativa y busca la perfección en todo lo que hace. Es muy diplomática, sobre todo, cuando comunica sus sentimientos y sus ideales. Le gusta ayudar a los demás a superar sus errores y tiene cierto encanto y armonía natural.

Lorena

ORIGEN: **Germano**
SIGNIFICADO: **Famosa en la guerra**
CARÁCTER: Es muy despierta y está siempre mentalmente muy activa. Tiene buen juicio y suele hacer examen de conciencia muy a menudo. Generalmente tiene muy buena suerte.

Lorenzo

ORIGEN: **Latino**
SIGNIFICADO: **Nacido en Laurentium**
CARÁCTER: Es muy agradable en el trato y muy pacífico, aunque se encuentra a veces en circunstancias violentas. Su pelea suele ser interior. No soporta la injusticia y procura que todo lo que dependa de él se haga con justicia.

Lourdes

ORIGEN: **Vasco**
SIGNIFICADO: **Altura costera**
CARÁCTER: Le gusta poner un poco de arte en todo lo que hace. Tiene el don de comprender a casi todo el mundo. Es muy razonable. Tiene dificultad para hacer realidad aquello que piensa y desea.

Lucas

ORIGEN: **Latino**
SIGNIFICADO: **Luminoso**
CARÁCTER: Es muy intuitivo, generoso y desinteresado. Aprecia cada cosa en su justo valor. Es muy sensible al arte y a todo lo que se asocia con creatividad y belleza. Le gusta contar las cosas de una manera objetiva y completa. Tiene capacidad para la enseñanza.

Lucía

ORIGEN: **Latino**
SIGNIFICADO: **Resplandeciente**
CARÁCTER: Le gusta dar mucho amor a los demás. Es muy comprensiva y tolerante y se adapta a todo tipo de situaciones. Tiene don de mando y capacidad para la enseñanza.

Luciana

ORIGEN: **Latino**
SIGNIFICADO: **Nacida con la primera luz**
CARÁCTER: Es activa, trabajadora y tiene mucha confianza en sí misma. Es inquieta y tiene capacidad de liderazgo. Tiene aptitudes para dirigir empresas. Le gusta la aventura y el riesgo. Tiene capacidad para llevar cualquier idea a la práctica.

Luciano

ORIGEN: **Latino**
SIGNIFICADO: **Nacido con la primera luz**
CARÁCTER: Es buen conversador y muy comunicativo. Es habilidoso para los negocios. Tiene mucha confianza en sí mismo. Es inquieto, optimista y muy generoso. Tiene capacidad para el mando o la dirección de cualquier empresa.

Lucila

ORIGEN: **Latino**
SIGNIFICADO: **Lucecita**
CARÁCTER: Es simpática y comunicativa. Tiene fuerza de voluntad y es bastante autodidacta. Es un poco aventurera y no le importa correr algún que otro riesgo.

Lucio

ORIGEN: **Latino**
SIGNIFICADO: **Nacido con la primera luz**
CARÁCTER: Es muy diplomático y suave en el trato con todos. Es creativo, original y está muy segura de sí mismo. Tiene mucha vitalidad y es muy activo. Está abierto a todo lo nuevo y distinto que se le ofrezca.

Lucrecia

ORIGEN: **Latino**
SIGNIFICADO: **Lucro, ganancia**
CARÁCTER: Es algo ambiciosa e inventora, aunque siempre choca con los convencionalismos. Sentimentalmente es pasional y decidida. Tiene buen ojo para los negocios y sabe sacar beneficio de todo.

Luis

ORIGEN: **Germano**
SIGNIFICADO: **Famoso en el combate**
CARÁCTER: Suele ser muy pasional y muy sentimental, aunque a veces no lo parezca. Si capta bien su misión, amará al prójimo y a la humanidad, convirtiéndose en verdadero ejemplo para los demás.

Luisa

ORIGEN: **Germano**
SIGNIFICADO: **Famosa en el combate**
CARÁCTER: Es bastante trabajadora y muy luchadora. Se le dan muy bien los negocios. Convence con mucha facilidad. Suele hacer siempre de la palabra un arte.

Luz

ORIGEN: Latino
SIGNIFICADO: La que resplandece
CARÁCTER: Su amor es siempre sincero y desinteresado. Es muy comprensiva y tolerante y se adapta a todo tipo de situaciones. Tiene don de mando y capacidad para la enseñanza. Aporta claridad a cualquier persona que la consulte.

Macarena

ORIGEN: Griego
SIGNIFICADO: Bienaventurada
CARÁCTER: Es alegre y simpática. Tiene capacidad para animar y alegrar a los demás únicamente con su presencia. Es emprendedora, enérgica y aventurera.

Magdalena

ORIGEN: Hebreo
SIGNIFICADO: Torre
CARÁCTER: Es muy buena organizadora. Tiene un alto sentido de la justicia, valora exactamente cada situación y emite juicios acertados. Tiene mucha imaginación y es muy femenina y maternal.

Maíta

ORIGEN: Vasco
SIGNIFICADO: Amada
CARÁCTER: Está superprotegida y todo le viene con facilidad. Obtendrá beneficios en cualquier cosa a la que se dedique. Su amor es sincero y en este terreno no se anda con tonterías

Maitane

ORIGEN: Vasco
SIGNIFICADO: Amada
CARÁCTER: Está muy protegida y todo le viene como caído del cielo. Es fácil que obtenga beneficios en cualquier campo al que dedique sus esfuerzos. Es muy femenina y ama con sinceridad.

Maite (Hipocorístico de María Teresa)

ORIGEN: Hebreo y griego
SIGNIFICADO: Mujer del mar, cazadora
CARÁCTER: Tiene mucha fuerza de voluntad. Está llena de entusiasmo. Le gusta respetar y que la respeten. Es bastante honrada. A menudo ocupa puestos de responsabilidad y confianza.

Malena

ORIGEN: Hebreo
SIGNIFICADO: Torre
CARÁCTER: Es alegre y simpática. Es muy buena organizadora. Tiene un alto sentido de la justicia; valora exactamente cada situación y emite juicios acertados. Tiene mucha imaginación y es muy femenina.

Manuel

ORIGEN: Hebreo
SIGNIFICADO: Dios con nosotros
CARÁCTER: Siempre descubre la esencia. la verdad de cada cosa mediante el análisis y la crítica. Le gustan las grandes concentraciones de gente. Es muy alegre, pero lo demuestra más cuando toma confianza

Manuela

ORIGEN: Hebreo
SIGNIFICADO: Dios con nosotros
CARÁCTER: Disfruta recordando el pasado y comentándolo con los demás. Le gusta ejercer el mando y el liderazgo. Sus sentimientos son muy fuertes. Es muy comunicativa.

Marcela

ORIGEN: Latino
SIGNIFICADO: Martillo
CARÁCTER: Le gusta la pintura, la música y la poesía. Piensa y analiza mucho todas las cosas. Busca siempre la armonía y la perfección en todo lo que hace. Es bastante generosa.

Marcial

ORIGEN: Latino
SIGNIFICADO: Perteneciente a Marte, guerrero
CARÁCTER: Sólo expresa sus afectos cuando está muy seguro de su amor. Es bastante original y muy activo. Generalmente sabe combatir lo injusto y rectificar sus propios errores. Parece como si viviera en un cambio continuo.

Marcos

ORIGEN: Latino
SIGNIFICADO: Martillo
CARÁCTER : Es un pintor, poeta o escritor de gran originalidad y talento. Pone mucho empeño en todo lo que hace para que salga armónico y con un toque artístico. Es muy comunicativo.

Margarita

ORIGEN: Latino
SIGNIFICADO: Perla
CARÁCTER: Es muy bonita y codiciada. Sus amigas la aprecian mucho. Tiene habilidad para la poesía y el arte. Despeja las dudas de quienes le preguntan. sobre todo las dudas sentimentales. Es bastante femenina.

Mara

ORIGEN: Hebreo
SIGNIFICADO: Mujer del mar, amargura
CARÁCTER: Es receptiva y muy intuitiva. Es generosa, y disfruta mucho cuando puede ayudar a alguien, pero le molesta la ingratitud. Tiene mucha habilidad mental, y no necesita hacer muchos esfuerzos para conseguir aquello que se propone.

María

ORIGEN: Hebreo
SIGNIFICADO: Mujer del mar
CARÁCTER: Tiene mucha fuerza de voluntad y una gran bondad. A menudo debe servir por obligación Su ejemplo y su moral influyen decisivamente en los demás.

María Antonia

ORIGEN: Hebreo y latino
SIGNIFICADO: Mar florido
CARÁCTER: No puede con la pasividad. Es muy inquieta e impulsiva. Le gusta tener a su familia contenta y procura tener detallitos con ellos. Le gustan los buenos modales y no concibe la vida sin libertad.

María Asunción

ORIGEN: Hebreo y latino
SIGNIFICADO: Mar elevado
CARÁCTER: Le gusta comenzar los temas de conversación. Comprende muy bien los problemas relacionados con la pareja. No le gustan los excesos incontrolados y ella misma pone sus limitaciones. Tiene un corazón sincero y generoso.

María del Rosario

ORIGEN: Hebreo y latino
SIGNIFICADO: Mar del rosal
CARÁCTER: Su ejemplo influye decisivamente en los demás. Su presencia inspira armonía. Le gusta ayudar a los demás de forma desinteresada. Es muy romántica e inspira romanticismo en el prójimo.

María Dolores

ORIGEN: Hebreo y latino
SIGNIFICADO: Mar de dolores
CARÁCTER: Es dulce y apacible. Entrega todo a los demás y, a veces, ella se queda sin nada. Sufre por cualquier cosa. Aunque sea capaz de crear ambientes de fiesta y diversión, ella es la que menos disfruta.

María Jesús

ORIGEN: Hebreo
SIGNIFICADO: Mar de salvación
CARÁCTER: Es abnegada, servicial y altruista. Tiene mucha intuición y es muy femenina. Ama a la humanidad de una manera especial. Es especialmente hábil en las comunicaciones y las relaciones sociales.

Mª José

ORIGEN: **Hebreo**
SIGNIFICADO: **Mar de provisión**
CARÁCTER: Es muy servicial y se adapta con mucha facilidad a las demás. Es portadora de armonía y equilibrio. sus sentimientos son nobles y profundos. Ama y es amada de una manera especial.

Maribel (Abreviatura de Maria Isabel)

ORIGEN: **Hebreo**
SIGNIFICADO: **Mujer del mar (María) , Dios es mi juramento (Isabel)**
CARÁCTER: Su ejemplo y su forma de ser influye decisivamente en los demás. Es generosa y tiene una voluntad a prueba de bombas. Tiene mucha imaginación y en el fondo busca siempre la verdad.

Mariano

ORIGEN: **Latino**
SIGNIFICADO: **De María**
CARÁCTER: Su lógica le guía a empezar caminos nuevos. Le gusta disfrutar de la vida, pero dentro de un orden. Ama la libertad, pero no tolera el libertinaje.

Marina

ORIGEN: **Latino**
SIGNIFICADO: **Mujer del mar**
CARÁCTER: De vez en cuando le gusta refugiarse en la soledad. Es abnegada, un poco psicóloga y muy sentimental. Su personalidad es de las que brillan con luz propia. Tiene capacidad para la enseñanza.

Mario

ORIGEN: **Latino**
SIGNIFICADO: **Marte**
CARÁCTER: No soporta la corrupción y lucha contra todo lo injusto y torcido. Pone mucho empeño en todo lo que hace y no suele dejar las cosas a medias. Todo lo hace con profundo amor, aunque a veces dé otra impresión.

Mari Paz

ORIGEN: **Hebreo y latino**
SIGNIFICADO: **Mar apacible**
CARÁCTER: Es humanitaria y disfruta trabajando en organizaciones de este tipo. Es portadora de tranquilidad y paz interior. Tiene capacidad para resolver y apaciguar los conflictos sentimentales. Es muy buena psicóloga.

Marisa

(Hipocorístico de María Isabel y de María Luisa)

ORIGEN: **Hebreo - germano**
(María e Isabel) (Luisa)
SIGNIFICADO: **Mujer del mar (María), Dios es mi juramento (Isabel), famosa en el combate (Luisa)**
CARÁCTER: Es creativa y original. Tiene las ideas muy claras. Es romántica y sencilla. Es bastante atractiva y seduce casi sin proponérselo. En líneas generales tiene bastante suerte.

Marisol

ORIGEN: **Hebreo**
SIGNIFICADO: **Mar brillante**
CARÁCTER: Es altruista y muy servicial. Tiene capacidad de lucha y dotes de maestra. Es buena educadora sentimental o psicóloga. Espíritu ingenioso y apto para debatir cualquier cosa.

Marta

ORIGEN: **Arameo**
SIGNIFICADO: **Señora**
CARÁCTER: No le gusta andarse por las ramas, sobre todo en el terreno amoroso. Es franca y directa, aunque esto le acarree discusiones. Tiene mucha suerte y todo lo consigue de forma providencial.

Martín

ORIGEN: **Latino**
SIGNIFICADO: **Perteneciente a Marte, guerrero**
CARÁCTER: Es activo y trabajador, aunque a veces no cobre por ello. Tiene capacidad para organizar cualquier cosa. Es un luchador nato, un gran estratega y nunca se da por vencido. Es inquieto e impaciente y le gusta resolver conflictos apelando a la justicia.

Martina

ORIGEN: **Latino**
SIGNIFICADO: **Perteneciente a Marte, guerrera**
CARÁCTER: Es muy trabajadora y procede siempre con justicia, haciendo imperar la razón. Piensa las cosas muy bien antes de hacerlas. Es generosa, humilde y lucha por la paz y la armonía en su medio ambiente.

Maruja  (Variante gallega de María)

ORIGEN: **Hebreo**
SIGNIFICADO: **Mujer del mar**
CARÁCTER: Tiene bastante fuerza de voluntad y no suele hacerse mucho de rogar. Es muy sencilla y campechana. Es el ejemplo de mujer trabajadora en su
medio ambiente. Normalmente se abusa de su confianza.

Matías

ORIGEN: Hebreo
SIGNIFICADO: Dios da
CARÁCTER: Sabe organizar muy bien su mundo sentimental y es bastante reservado acerca de él. No le importa dar la cara cuando la circunstancia lo requiere. Normalmente recibe más cosas de las que espera recibir.

Mateo

ORIGEN: **Hebreo**
SIGNIFICADO: **Don de Dios**
CARÁCTER : Es muy creativo e intuitivo. Tiene talento para todo lo relacionado con el arte y la belleza. Es generoso, receptivo y le gusta estar en paz con todo el mundo. Aporta lucidez y lógica en cualquier situación conflictiva.

Maura

ORIGEN: **Latino**
SIGNIFICADO: **Procedente de Mauritania, mora**
CARÁCTER: Le gusta el mundo de las comunicaciones, tanto las orales como las escritas. Siempre dice las cosas muy claras y resume con facilidad. Convence con arte y es diestra para los negocios.

Mauricio

ORIGEN: **Latino**
SIGNIFICADO: **Procedente de Mauritania.**
CARÁCTER: Es analítico y llega siempre al fondo de las cosas. Tiene capacidad de síntesis. Su lucha es contra la injusticia y el desorden, pero siempre con las armas de la ley. No le gusta actuar a la ligera y medita muy bien lo que hace. Suele tener buena suerte en el amor.

Máximo

ORIGEN: **Latino**
SIGNIFICADO: **El mayor, el más grande**
CARA CTER: Es muy receptivo y bastante intuitivo, sabe dar una respuesta sabia a quien le pregunta. Es muy sentimental. Es generoso en exceso y altruista. Le gusta hacer todo a lo grande y es optimista.

Melisa

ORIGEN: **Griego**
SIGNIFICADO: **Abeja**
CARÁCTER: Es especialista en dejar al descubierto el lado sentimental y dulce de las personas. No le cuesta mucho rectificar para superarse intelectualmente. Aporta a los demás optimismo y esperanza.

Mercedes

ORIGEN: **Hispano**
SIGNIFICADO: **Misericordia**
CARÁCTER: Muy imaginativa y un poco artista. Sabe muy bien lo que quiere y no se deja influir por los demás, aunque agradece que la ayuden. Perdona con mucha facilidad.

Micaela

ORIGEN: **Hebreo**
SIGNIFICADO: **Semejante a Dios**
CARÁCTER: Es muy femenina, alegre y optimista. Tiene mucha imaginación y capacidad para hacer realidad sus deseos. Le gusta llegar al final de cualquier situación.

Miguel

ORIGEN: **Hebreo**
SIGNIFICADO: **Semejante a Dios**
CARÁCTER: Carácter inquieto. Su deseos se cumplen con mucha facilidad, ya que pone mucho empeño en ello. Le gusta divertirse y pasárselo bien. No le gusta someterse a las normas.

Milagros

ORIGEN: **Latino**
SIGNIFICADO: **Maravilla, prodigio**
CARÁCTER: Transmite como nadie la armonía y la belleza al mundo que la rodea. Y los demás la ayudan con desinterés. Sus circunstancias son providenciales. Todo esto hace que se cree en su entorno un ambiente milagroso.

Miriam

ORIGEN: **Hebreo**
SIGNIFICADO: **Mujer del mar**
CARÁCTER: Tiene mucha fuerza de voluntad y una gran bondad. A menudo debe servir por obligación. Su ejemplo y su moral influyen decisivamente en los demás.

Mónica

ORIGEN: **Griego**
SIGNIFICADO: **Solitaria**
CARÁCTER: Le gusta mucho estudiar, particularmente todo lo que se relaciona con las bellas artes. Ama la soledad y se inspira bastante en ella. Tiene mucha creatividad y bastante armonía.

Moises

ORIGEN: **Hebreo**
SIGNIFICADO: **Sacado de las aguas**
CARÁCTER: Es muy carismático y tiene capacidad para dirigir cualquier empresa o asociación. Es bastante inquieto y mentalmente muy activo. Aporta a los demás sentido práctico y les enseña a organizarse mejor.

Montserrat

ORIGEN: **Catalán**
SIGNIFICADO: **Monte aserrado**
CARÁCTER: Tiene verdadera necesidad de conocer siempre la verdad de todo. Goza de una personalidad magnética y atractiva. Aspira a elevarse social y espiritualmente.

Narciso

ORIGEN: Griego
SIGNIFICADO: Sopor, sueño profundo
CARÁCTER: Tiene mucha confianza en sí mismo y le gusta ser halagado y seducir. Es generoso y altruísta y, en las relaciones sentimentales, se entrega completamente a la pareja. Es comunicativo y tiene decisión y fuerza de voluntad.

Natacha  (diminutivo de Natividad)

ORIGEN: Latino
SIGNIFICADO: Nacimiento
CARÁCTER: Es muy optimista y bastante generosa. Se adapta a cualquier circunstancia sin dificultad. Es muy servicial y nunca pide nada a cambio. Es portadora de armonía y equilibrio.

Natalia

ORIGEN: Latino
SIGNIFICADO: Nacimiento
CARÁCTER: Le gusta vestir bien y hacer las cosas con delicadeza. Es muy intuitiva. No le gusta fingir en los asuntos del corazón y esto hace que se enamoren de ella seriamente. Es generosa y nunca tiene en cuenta lo que da. Le gusta iniciar cosas y ser imnnovadora.

Natividad

ORIGEN: **Latino**
SIGNIFICADO: **Nacimiento**
CARÁCTER: Es muy optimista y bastante generosa. Se adapta a cualquier circunstancia sin dificultad. Es muy servicial y nunca pide nada a cambio. Es portadora de armonía y equilibrio.

Nazaret

ORIGEN: **Hebreo**
SIGNIFICADO: **Flor, brote**
CARÁCTER: Es servicial, amable y comprensiva. Se le ocurren cosa muy originales y artísticas. Es muy comunicativa y clara en las cuestiones sentimentales. Es portadora de paz y equilibrio.

Nerea

ORIGEN: **Griego**
SIGNIFICADO: **Fluir, nadar**
CARÁCTER: Con su acción hace que las demás se desperecen y trabajen. Crea actividad y movimiento a su alrededor. Le gusta la aventura y todo lo nuevo. Se mueve generalmente entre gente influyente y generosa.

Nicolás

ORIGEN: **Griego**
SIGNIFICADO: **Vencedor del pueblo**
CARÁCTER: Es generosa y parte de su tiempo siempre es para las demás, sobre toda para quien necesita su ayuda. Tiene buena memoria y aprende con facilidad. Le produce dolor cualquier separación o violencia.

Nidia

ORIGEN: **Latino**
SIGNIFICADO: **Nítida, brillante**
CARÁCTER: Es justa y equilibrada. Tiene capacidad para organizar cualquier empresa. Inspira confianza y seguridad. Le gustan las relaciones estables y duraderas. Se le da bien la enseñanza, incluso sin pretenderlo. Aporta armonía y luz a la Sociedad.

Nieves

ORIGEN: **Latino**
SIGNIFICADO: **Suprema blancura**
CARÁCTER: Muy dulce y sentimental. Su deseo es comunicarse con todo el mundo, aunque no siempre lo consigue, ya que algunas veces encontrará barreras en los demás. Haga lo que haga, siempre procura ser justa. Generalmente es alegre y optimista.

Noé

ORIGEN: **Hebreo**
SIGNIFICADO: **Reposo**
CARÁCTER: Tiene mucha originalidad e inspiración. Como se dice vulgarmente: "Siempre está conectado". Es optimista, alegre y algo bromista. Es generoso y suele tener siempre muy buena suerte.

Noel (forma francesa de Natal)

ORIGEN: **Latino**
SIGNIFICADO: **Nacimiento**
CARÁCTER: Le gusta todo lo que tiene que ver con asociaciones benéficas y de derechos humanos. Es muy servicial y pone a las personas por encima del interés económico. Es muy comunicativo y procura que los demás también lo sean.

Noelia (forma francesa de natal)

ORIGEN: **Latino**
SIGNIFICADO: **Nacimiento**
CARÁCTER: Es muy original, sobre todo en sus escritos y en la comunicación de cualquier tipo. Le gusta ser la primera en todo lo que hace. Ama el esfuerzo y el riesgo. Tiene espíritu de aventurera y contagia a los demás de su entusiasmo.

Noemí

ORIGEN: **Hebreo**
SIGNIFICADO: **Mi delicia**
CARÁCTER: Es muy dulce y tiene muy buenos sentimientos. Pone siempre un toque de alegría y optimismo en el ambiente. Siempre se realizan sus mejores deseos, los deseos que no solamente la benefician a ella, sino también a los demás.

Norberto

ORIGEN: **Germano**
SIGNIFICADO: **Norte brillante**
CARÁCTER: Es sentimentalmente equilibrado y humilde. Obtiene muchas respuestas por intuición. Es bastante generoso y receptivo. Ayuda a los demás a relacionarse y tiene habilidad comercial.

Norma

ORIGEN: **Latino**
SIGNIFICADO: **Precepto**
CARÁCTER: Tiene mucha fuerza de voluntad, decisión y empuje. Busca siempre la perfección en todo lo que emprende. Es muy comunicativa; es aventurera. Le gusta la organización y el orden.

Nuria

ORIGEN: Vasco

SIGNIFICADO: Lugar entre colinas

CARÁCTER: Le gusta la aventura y tiene fuerza de voluntad para iniciar cosas. Nunca falta a su palabra y siempre cumple con sus compromisos. El círculo de personas que la rodean suele ser bastante importante.

Octavia

ORIGEN: Latino
SIGNIFICADO: La octava nacida
CARÁCTER: No es muy decidida, sobre todo en los asuntos sentimentales. Busca siempre el equilibrio y la armonía en todas las cosas. Siempre aporta a los demás la pincelada que les falta, y eso la convierte en imprescindible.

Octavio

ORIGEN: Latino
SIGNIFICADO: El octavo nacido
CARÁCTER: Es generosa y presta fácilmente su colaboración. En cuestiones sentimentales se deja llevar por la providencia. Es muy comunicativo y se le dan bien todos los trabajos de cara al público.

Ofelia

ORIGEN: Griego
SIGNIFICADO: Ayuda, socorro
CARÁCTER: Siempre presta su ayuda a quien se la solicita. Es intuitiva, generosa y receptiva. Es muy sociable y le gusta romper el hielo. Enseña a los demás a tener voluntad e iniciativa propia.

Olga

ORIGEN: Germano
SIGNIFICADO: Invulnerable
CARÁCTER: Gracias a su honradez y su honestidad consigue puestos de responsabilidad y autoridad en el mundo laboral. Suele crear un ambiente optimista y desenfadado donde quiera va. Es prácticamente imposible hacerle daño.

Olíver

ORIGEN: Latino
SIGNIFICADO: Olivo
CARÁCTER: Tiene muchas ideas originales relacionadas con el arte, pero no lleva todas a la práctica. Tiene mucho afán de superación y le atrae el mundo de las formas. Generalmente sus razonamientos son acertados.

Omar

ORIGEN: Árabe
SIGNIFICADO: El constructor
CARÁCTER: Es un pionero y siempre está inventando cosas nuevas o iniciando nuevos caminos. Tiene mucha fuerza de voluntad y transmite entusiasmo a los demás. Le gusta tomar decisiones constructivas y edificantes.

Orlando

ORIGEN: Germano
SIGNIFICADO: Espada del país
CARÁCTER: Tiene mucha energía, vitalidad y empuje. Le gusta tomar la iniciativa en todos los asuntos humanos. Es generoso y protector. Es aventurero y bastante lanzado en los temas sentimentales. Le gusta mantener el orden intercediendo por la paz y la armonía.

Oscar

ORIGEN: **Germano**
SIGNIFICADO: **Saeta divina**
CARÁCTER: La familia y los amigos siempre le apoyan en todo lo que inicia, que normalmente suele ser bastante. Todo le ocurre de una forma providencial. Es muy intuitivo.

Ovidio

ORIGEN: **Latino**
SIGNIFICADO: **Relativo a la oveja**
CARÁCTER: Es muy apasionado en el amor y busca siempre la compenetración y el equilibrio en la pareja. Es muy justo y razonable. Es inquieto y le gusta la novedad. No le gusta quedarse parado y siempre busca algo que hacer.

Pablo

ORIGEN: **Latino**
SIGNIFICADO: **Pequeño**
CARÁCTER: Es transmisor de un mensaje trascendente, que comunica con indudable maestría, tanto oralmente como por escrito. Tiene capacidad de líder. Aunque parezca pequeño, es un gigante de la comunicación.

Paloma

ORIGEN: **Latino**
SIGNIFICADO: **Ser pálido**
CARÁCTER: Dulce y pacífica como el ave. Tiene mucha intuición y le gusta practicar el altruismo. Normalmente sube fácilmente en la escala social. Todos sus buenos deseos suelen hacerse realidad.

Pascual

ORIGEN: **Latino**
SIGNIFICADO: **Nacido en Pascua**
CARÁCTER: Es muy sociable y despierto. Tiene las ideas muy claras y no se anda por las ramas. Es abierto y receptivo a cambios y situaciones nuevas. Siempre se presta a la ayuda y a la colaboración.

Patricia

ORIGEN: **Latino**
SIGNIFICADO: **De estirpe noble**
CARÁCTER: Es muy razonable y la lógica mueve la mayor parte de su vida. Es partidaria de la paz y la concordia. Es muy noble y no soporta las mentiras. Es bastante atractiva.

Patricio

ORIGEN: **Latino**
SIGNFICADO: **De estirpe noble**
CARÁCTER: Sabe lo que quiere mental y sentimentalmente. Él mismo se pone sus limitaciones. no necesita que se las impongan. No concibe el mundo sin justicia y es portador de unión y equilibrio.

Paula

ORIGEN: **Griego**
SIGNIFICADO: **Pequeña**
CARÁCTER: Tiene actitudes para la poesía y el drama. Le gusta vestir a la última moda. Comunica muy bien las ideas. Es bastante humanitaria y no puede con las injusticias.

Paz

ORIGEN: **Latino**
SIGNIFICADO: **Apacible**
CARÁCTER: Es humanitaria y disfruta trabajando en organizaciones que velan por el bienestar de la Humanidad. Es portadora de tranquilidad y paz interior. Tiene capacidad para resolver y apciguar los conflictos sentimentales. Es una buena psicóloga.

Pedro

ORIGEN: **Latino**
SIGNIFICADO: **Piedra**
CARÁCTER: Es el que da el primer paso en la construcción de un nuevo mundo más consciente y solidario. No puede soportar la injusticia y, a menudo, lucha por un mundo más justo o, al menos, habla de él.

Perfecto

ORIGEN: **Latino**
SIGNIFICADO: **Acabado, concluido**
CARÁCTER: Es prudente y reservado a la hora de expresar sus sentimientos. Le gusta idear cosas nuevas y siempre está en la vanguardia del pensamiento humano. Sus obras son alegres, optimistas y tienen un toque de perfección.

Petra

ORIGEN: **Latino**
SIGNIFICADO: **Piedra**
CARÁCTER: Tiene mucha creatividad y le atrae bastante el mundo del arte y de la armonía. Es muy original y todo lo que hace tiene cierto aire de perfección Generalmente tiene suerte y también es portadora de ella.

Pilar

ORIGEN: **Hispano**
SIGNIFICADO: **Firme, sustentadora**
CARÁCTER: Siente gran atracción por todo lo romántico y misterioso. Soporta cualquier carga. Aporta firmeza a todo lo que emprende. Es muy fiel, sobre todo en los asuntos sentimentales.

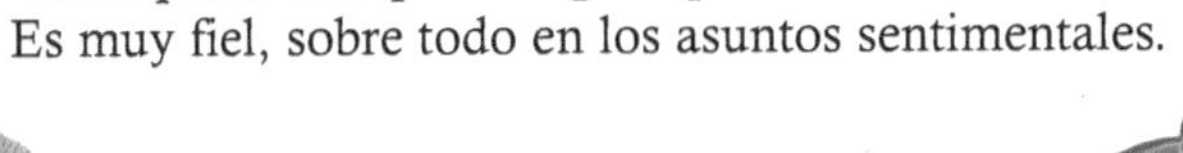

Priscila

ORIGEN: **Latino**
SIGNIFICADO: **De otra época, venerable**
CARÁCTER: Se le dan muy bien las comunicaciones y las relaciones sociales. Procura que todo encaje racionalmente antes de expresarlo en palabras. Tiene capacidad de organización y siempre procede con equidad. Es generosa, pacífica y receptiva.

Providencia

ORIGEN: **Latino**
SIGNIFICADO: **Disposición divina**
CARÁCTER: Busca siempre lo que cada cosa tiene de verdad. Le resulta fácil obtener todas las cosas que le pida a sus amigos o a su familia. Le van bien las profesiones de cara al público o comunicativas. Tiene talento para trasmitir claramente las ideas.

Purificación

ORIGEN: **Latino**
SIGNIFICADO: **Sin mancha, pura**
CARÁCTER: Tiene tanta intuición que casi roza la clarividencia. Es muy femenina con un buen sentido del humor. Le gusta dar sin esperar nada a cambio. Le gustan las cosas muy naturales.

Rafael

ORIGEN: **Hebreo**
SIGNIFICADO: **Dios sana**
CARÁCTER: Es muy intuitivo y parece que siempre tiene la palabra correcta. Si lo desarrollara, podría llegar a curar con sus manos. De cualquier forma, le gusta la medicina y los temas de salud y, si se dedica a ello, obtendrá prestigio y categoría social.

Rafaela

ORIGEN: **Hebreo**
SIGNIFICADO: **Dios sana**
CARÁCTER: Es inquieta y se aburre cuando está inactiva. Es muy trabajadora. Le atrae la aventura y todo lo novedoso. Le encanta superarse constantemente. Está capacitada para ser muy buena en algún deporte.

Raimundo

ORIGEN: **Germano**
SIGNIFICADO: **Protector sensato**
CARÁCTER: Comunica muy bien sus sentimientos. Es hábil para el comercio. Ante las dificultades, usa siempre el sentido común y la razón. Es muy generoso y aporta protección de una forma providencial.

Ramiro

ORIGEN: **Germano**
SIGNIFICADO: **Consejo ilustre, famoso**
CARÁCTER : Es un trabajador incansable. Es generoso y pone mucho corazón en el romance. Mentalmente es muy práctico. Es buen consejero y tiene un sentido propio de la justicia.

Ramón

ORIGEN: **Germano**
SIGNIFICADO: **Protector sensato**
CARÁCTER: Tiene muy buen sentido del humor. Es original y se le dan muy bien los trabajos artísticos. Es un aventurero y no le importa ir el primero aunque reciba los golpes. Es muy locuaz y simpático.

Ramona

ORIGEN: **Germano**
SIGNIFICADO: **Protectora sensata**
CARÁCTER: Es muy apasionada y sentimental. Sabe expresarse muy bien poéticamente. Protege a sus familiares de la forma que ella cree más aconsejable. Sufre o goza cualquier experiencia hasta el final.

Raquel

ORIGEN: **Hebreo**
SIGNIFICADO: **Oveja**
CARÁCTER: Sus deseos se hacen fácilmente realidad. Donde ella llega aparecen la fe y la esperanza. Es portadora de descanso y de alegría de vivir.

Raúl

ORIGEN: **Germano**
SIGNIFICADO: **Consejo del guerrero**
CARÁCTER: Es muy inteligente. Se deja llevar más por la razón que por los sentimientos. Muchas veces se encuentra en situaciones conflictivas sin haberlas provocado. Generalmente tiene mucha suerte.

Rebeca

ORIGEN: **Hebreo**
SIGNIFICADO: **Lazo**
CARÁCTER: Interiormente es fuerte y optimista. Sus amistades son pocas, pero fieles y duraderas, pues una vez que la conocen no podrán separarse de ella. Transmite la alegría y la esperanza con mucha fuerza, y esto es lo que hace que los demás se sientan tan atraídos por ella.

Regina

ORIGEN: **Latino**
SIGNIFICADO: **Reina**
CARÁCTER: Es muy comunicativa y tiene habilidad para el comercio. Convence con mucha facilidad y es muy observadora. En el terreno mental, le gusta acabar todo cuanto empieza.

Reinaldo

ORIGEN: **Germano**
SIGNIFICADO: **Caudillo que aconseja**
CARÁCTER: Tiene capacidad para asesorar y aconsejar con precisión. Sabe expresar muy bien sus sentimientos. Tiene madera de líder. Le gusta animar a los demás para que terminen los proyectos que han empezado.

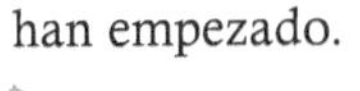

Remedios

ORIGEN: **Latino**
SIGNIFICADO: **Alivio**
CARÁCTER: Generalmente parece frágil, pero es muy resistente. No hay nada que la detenga cuando cree que tiene la razón. Es especialista en curar y aliviar todos los males.

Resurrección

ORIGEN: **Latino**
SIGNIFICADO: **Volver a la vida**
CARÁCTER: Le apasiona renovarse y que los demás se renueven. Le gusta llegar hasta el final, sobre todo en sus relaciones sentimentales. Se expresa de una manera brillante, y ayuda a los demás a relacionarse.

Reyes

ORIGEN: **Griego**
SIGNIFICADO: **Consejo, manifestación**
CARÁCTER: Procura hacer todo con sumo cuidado para no herir a nadie. Busca la perfección y procede siempre con justicia. Tiene mucho sentido del humor. Le gusta dar consejos, y su presencia hace que la gente se mueva.

Ricardo

ORIGEN: **Germano**
SIGNIFICADO: **Fuerte en el poder**
CARÁCTER: Interiormente es fuerte y tiene mucho dominio de sí mismo. Tiene muchas luchas internas. Es intuitivo generoso y altruista. Es un poco introvertido. Generalmente tiene suerte.

Rita

ORIGEN: **Latino**
SIGNIFICADO: **Perla**
CARÁCTER: Es muy apasionada y generosa con sus sentimientos. Es altruista, intuitiva y receptiva. Normalmente suele
ser buscada y apreciada por mucha gente. Se comunica con
facilidad y aporta a los demás ánimo, decisión y empuje.

Roberto

ORIGEN: **Germano**
SIGNIFICADO: **Glorioso y famoso**
CARÁCTER: Por poco que haga será bastante conocido en su circulo
social. Es muy generoso, hasta el punto de quedarse a veces sin nada.
Confía mucho en todo lo superior y trascendente.

Rocío

ORIGEN: **Latino**
SIGNIFICADO: **Cubierta de gotas de agua**
CARÁCTER: Es una mujer con mucha lucidez y suele superar todas
las pruebas. No le importa reconocer sus errores v rectificar cuando se
equivoca. Tiene mucho temperamento. Tiene muy buen gusto en el
vestir.

Rodrigo

ORIGEN: **Germano**
SIGNIFICADO: **Caudillo famoso**
CARÁCTER: Es un gran iniciador. Tiene mucha voluntad y siempre
va el primero, dando ejemplo, aunque haya peligro. Es muy valiente
y lucha por un mundo de valores más humanitarios.
Generalmente es muy conocido en su ambiente
social.

Román

ORIGEN: **Latino**
SIGNIFICADO: **De Roma**
CARÁCTER: En las relaciones sentimentales, siempre es él el que toma la iniciativa y las decisiones. Es creativo y actúa con mucha lógica. Es comunicativo y suele incitar a la búsqueda de la verdad.

Rosa

ORIGEN: **Latino**
SIGNIFICADO: **Flor rubia**
CARÁCTER: Por donde pasa va dejando un ambiente agradable. Le gusta ayudar a los demás de manera efectiva. Su compañía es muy grata y reconfortante. A veces tiene golpes de mucha suerte.

Rosalía

ORIGEN: **Latino**
SIGNIFICADO: **Llena de lindas flores**
CARÁCTER: Le gusta ayudar a los demás. A menudo trabaja en los medios de comunicación o como escritora. Tiene mucha iniciativa y se le ocurren ideas muy originales.

Rosario

ORIGEN: **Latino**
SIGNIFICADO: **Jardín de rosas**
CARÁCTER: Su presencia inspira armonía. Le gusta ayudar a los demás de forma desinteresada. Es muy romántica y lo provoca también en los demás. Es bastante espiritual y muy razonable.

Rubén

ORIGEN: **hebreo**
SIGNIFICADO: **Dios ha visto mi pena**
CARÁCTER : Es una persona que valora todas las situaciones con justicia. Normalmente piensa todo lo que hace y lo hace con la mayor de las lógicas. Si creara armonía entre su forma de pensar y su forma de sentir, lograría estados superiores de conciencia.

Rufino

ORIGEN: **Latino**
SIGNIFICADO: **Rojizo**
CARÁCTER: Valora mucho todo lo que lleva tintes artísticos. Es muy comunicativo generoso, servicial Tiene capacidad de persuasión y convence con facilidad. Se adapta a cualquier ambiente y aporta estabilidad y armonía.

Ruth

ORIGEN: **Hebreo**
SIGNIFICADO: **Belleza**
CARÁCTER: Mujer muy activa. Siempre está haciendo algo. Suele estar muy bella, aunque no utilice cosmética. Es emprendedora y enérgica. Sabe dar su brazo a torcer y rectificar sus errores.

Sagrario

ORIGEN: Latino
SIGNIFICADO: Receptáculo de lo sagrado
CARÁCTER: Es muy ordenada y le gusta que cada cosa esté en su sitio. Sabe guardar muy bien los secretos. Tiene más riqueza interior de la que exterioriza normalmente y es muy razonable.

Salvador

ORIGEN: Latino
SIGNIFICADO: El que salva
CARÁCTER: Es intuitivo original y creativo. Aporta suerte, claridad de ideas y soluciones providenciales. Le gusta superarse y suele dar un toque artístico y de perfección a todo lo que hace.

Samuel

ORIGEN: Hebreo
SIGNIFICADO: Dios escucha
CARÁCTER: Tiene las ideas muy claras y juzga con lógica salomónica. Tiene mucha intuición y está atento y receptivo a cualquier idea nueva. Obtiene muchos frutos con poco que se mueva. Escucha a todos y concede los favores que estén en su mano

Sandra

ORIGEN: **Griego**
SIGNIFICADO: **Vencedora**
CARÁCTER: Es muy apasionada y tiene muy bucen corazón.
Tiene ideas innovadoras y es muy aventurera. Es bastante hon-
rada y nunca se aparta de la justicia.

Santiago

ORIGEN: **Hebreo**
SIGNIFICADO: **El que suplanta**
CARÁCTER: Tiene muy buen sentido del humor. Es muy alegre.
Aunque tenga problemas siempre está sonriendo. Le gusta ayudar a
los demás y aplaca los enfrentamientos.

Sara

ORIGEN: **Hebreo**
SIGNIFICADO: **Princesa**
CARÁCTER: Le gusta cuidarse y ponerse muy guapa para dar siempre
una buena impresión a los demás. Como consecuencia de esto recibe
constantes piropos y halagos, pero también provoca alguna que otra
envidia.

Saúl

ORIGEN: **Hebreo**
SIGNIFICADO: **El deseado**
CARÁCTER: Es muy romántico y le gusta estar siempre acompañado
de la perfección y la belleza. Le gusta la música y es ingenioso y creativo. Conecta muy bien con la gente y se adapta muy bien a las circunstancias.

Sebastián

ORIGEN: **Griego**
SIGNIFICADO: **Venerable**
CARÁCTER: Tiene don de mando y suele llevar muy bien trabajos de dirección o de encargado. Es optimista y siempre espera muy buenos resultados de todo lo que emprende. Es un poco bromista y suele ser muy admirado y digno de respeto en su entorno social.

Sergio

ORIGEN: **Latino**
SIGNIFICADO: **Guardián**
CARÁCTER: Muy activo y trabajador. Le gusta destacar, más que nada en su propia familia, y normalmente lo consigue. Tiene buen corazón y le gusta hacer reír a los demás.

Severina

ORIGEN: **Latino**
SIGNIFICADO: **Severa, seria, austera**
CARÁCTER: Es muy responsable, cumple siempre con su palabra y su trabajo. Es muy práctica y muy razonable. Es algo impulsiva, muy sociable y un poco aventurera.

Servanda

ORIGEN: **Latino**
SIGNIFICADO: **Que guarda u observa (la ley, la equidad)**
CARÁCTER: Procede siempre con justicia y le gusta dar a cada uno sólo lo que le corresponde. Es muy comunicativa y tiene habilidad comercial. Tiene capacidad para ser una gran artista.

Silvia

ORIGEN: **Latino**
SIGNIFICADO: **Selva, bosque**
CARÁCTER : Es muy servicial. Se piensa mucha las cosas en el tema sentimental. Le gusta mucho el campo y el aire libre. Es muy buena organizadora y cree que las teorías hay que llevarlas a la práctica.

Simón

ORIGEN: **Hebreo**
SIGNIFICADO: **Dios ha escuchado**
CARÁCTER: En la cuestión sentimental, siempre toma él la iniciativa. Es buen comerciante y suele ser muy atento. Sabe simplificar muy bien las cosas y obtener resultados inmediatos de todo.

Sixto

ORIGEN: **Latino**
SIGNIFICADO: **Sexto**
CARÁCTER: Le gusta aprender las cosas por sí mismo. Es decisivo y tiene fuerza de voluntad. Es hábil mentalmente y muy sociable. Es muy locuaz y sabe hablar de cualquier tema con soltura e imaginación.

Sofía

ORIGEN: **Griego**
SIGNIFICADO: **Sabiduría**
CARÁCTER: Es muy humanitaria y altruista. Tiene mucha intuición. Su voluntad se dirige a dar ayuda y amor prójimo sin ningún interés. Generalmente todos sus deseos se cumplen. Es muy optimista y, a veces, se pasa de tolerante.

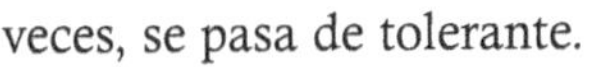

Soledad

ORIGEN: **Latino**
SIGNIFICADO: **Sola, única, solitaria**
CARÁCTER : Su imaginación es muy clara y con ella puede crear verdaderas obras de arte. Cuando está sola siente la inspiración con mucha fuerza. Tiene capacidad para unir lo que está desunido y generalmente es bastante afortunada.

Sonía (Hipocorístico ruso de Sofía)

ORIGEN: **Griego**
SIGNIFICADO: **Sabiduría**
CARÁCTER : Es muy humanitaria y altruista. Tiene mucha intuición. Su voluntad se dirige a dar ayuda y amor al prójimo sin ningún interés. Generalmente todos sus deseos se cumplen. Es muy optimista y a veces se pasa de tolerante.

Susana

ORIGEN: **Hebreo**
SIGNIFICADO: **Azucena graciosa**
CARÁCTER : Se suele recrear en los recuerdos del pasado. Tiene un encanto especial. Es graciosa y suele caer muy bien. Algunas veces la acusan de faltas que ella no ha cometido, pero al fina terminan reconociendo su inocencia.

Talía

ORIGEN: **Griego**
SIGNIFICADO: **La floreciente**
CARÁCTER: Su imaginación es desbordante. Ama la justicia y el orden. Sus deseos se hacen fácilmente realidad. Es portadora de fertilidad, felicidad y abundancia. Ama de una forma especial las funciones maternas.

Tamara

ORIGEN: **Hebreo**
SIGNIFICADO: **Palmera**
CARÁCTER: Tiene mucho amor propio y le gusta superarse en todo. Es observadora y capta detalles que los demás no ven. Es comunicativa, pero no habla por hablar. Tiene mucho sentido práctico y habilidad comercial.

Tanía

ORIGEN: **Latino**
SIGNIFICADO: **Papá, padre**
CARÁCTER: Es muy femenina, maternal y responsable. Es muy justa y bastante ordenada. Es amable, servicial y aporta equilibrio y armonía a los demás.

Teodora

ORIGEN: **Griego**
SIGNIFICADO: **Don de Dios**
CARÁCTER: Le gusta expresar sus sentimientos de una manera original y creativa. Es optimista y bastante generosa. Tiene el don de la sabiduría y del amor altruista.

Teodoro

ORIGEN: **Griego**
SIGNIFICADO: **Don de Dios**
CARÁCTER: Es optimista y le gusta ver el lado bueno de la vida. Tiene mucha fuerza de voluntad y contagia a los demás de ella. Es emprendedor y tiene capacidad para sacar adelante muchos proyectos diferentes.

Teófilo

ORIGEN: **Griego**
SIGNIFICADO: **Amigo de Dios**
CARÁCTER: Es muy alegre, jovial y optimista. Tiene un humor envidiable y está capacitado para poner de buen humor a los demás, ama el alma de las cosas, no su apariencia física. Generalmente es un manitas.

Teresa

ORIGEN: **Griego**
SIGNIFICADO: **Cazadora**
CARÁCTER: Le gusta respetar y que la respeten. Es bastante honrada y no puede salirse de las leyes. A menudo ocupa puestos de confianza, ya que supera todas las pruebas con facilidad.

Tomás

ORIGEN: **Hebreo**
SIGNIFICADO: **Gemelo**
CARÁCTER: Siempre está cargado de energías y siempre está animando. No cree fácilmente a la primera lo que le dicen, sino que tiene que meditarlo muy bien y comprobarlo por él mismo. Generalmente es bastante simpático.

Toribia

ORIGEN: **Griego**
SIGNIFICADO: **Ruidosa**
CARÁCTER: Es precavida y piensa mucho antes de tomar decisiones sentimentales. Tiene mucha fuerza mental y bastante iniciativa. Es muy optimista y comunica alegría a los demás.

Trinidad

ORIGEN: **Latino**
SIGNIFICADO: **Reunión de tres**
CARÁCTER: Es una mujer psíquica y físicamente equilibrada y nunca se queda corta ni se excede en cualquier cosa que hace. Busca siempre el justo término medio. Tiene mucha iniciativa. le gusta el arte y es portadora de inspiración para los demás.

U

Uriel

ORIGEN: **Hebreo**
SIGNIFICADO: **Mi luz es Dios**
CARÁCTER: Es muy optimista y bastante generoso. Inspira protección y es pacífico. Ama y busca la perfección en cualquier cosa que hace. Da siempre respuestas sabias e inspiradas a quien le pregunta

Úrsula

ORIGEN: **Latino**
SIGNIFICADO: **Osita**
CARÁCTER: Es muy optimista y bastante sentimental. Le cuesta mucho tomar decisiones. Es romántica y apasionada. Es muy servicial y aporta equilibrio a los demás.

Valentín

ORIGEN: **Latino**
SIGNIFICADO: **Valiente**
CARÁCTER: Es un buen narrador. Tiene mucho valor y hace cosas que implican gallardía y audacia. Es romántico y comunicativo. Por encima de todo, cree en el amor.

Valentina

ORIGEN: **Latino**
SIGNIFICADO: **Valiente**
CARÁCTER: Es bastante ordenada y buena organizadora. Suele ser franca y sincera a la hora de decir las cosas. No teme a las críticas ni los enemigos. Es muy femenina.

Vanesa

ORIGEN: **Persa**
SIGNIFICADO: **Estrella**
CARÁCTER: Le gusta la filosofía. No da su opinión a la ligera, sino después de meditar mucho. Sus escritos son verdaderas obras de arte. Tiene capacidad para la enseñanza.

Vera

ORIGEN: **Latino**
SIGNIFICADO: **Verdadera, justa, sincera**
CARÁCTER: Siempre procura ser justa y honesta en todas sus decisiones. Tiene iniciativa y empuje, sobre todo para presentar las nuevas ideas. Es carismática y comunicativa. Se le dan muy bien las relaciones sociales. Tiene poder de convicción.

Verónica

ORIGEN: **Griego**
SIGNIFICADO: **Imagen verdadera**
CARÁCTER: Es muy romántica y se apiada de cualquier cosa. Tiene mucha intuición. Ama los cambios, los nuevos caminos. En su alma late cierta vocación de misionera o deseo de ayudar al necesitado.

Vicenta

ORIGEN: **Latino**
SIGNIFICADO: **Vencedora**
CARÁCTER: Es comunicativa y buena observadora. Es optimista y le gusta sacar el máximo partido de todo lo que hace. Es bastante justa y prefiere dialogar con gente que razona.

Vicente

ORIGEN: **Latino**
SIGNIFICADO: **Vencedor**
CARÁCTER: Tiene mucha imaginación. Contagia entusiasmo a todo el que se le acerca. Le gusta empezar cosas nuevas y triunfar en todo. Es muy optimista y bastante bondadoso.

Víctor

ORIGEN: **Latino**
SIGNIFICADO: **Vencedor**
CARÁCTER: Le gusta la parodia y la crítica. Le gusta estar a la cabeza de cualquier juego o competición y, a menudo, lo consigue. Tiene madera de actor, ya que la imitación se le da muy bien.

Vilma (hipocorístico de Guillerma)

ORIGEN: **Germano**
SIGNIFICADO: **Protectora**
CARÁCTER: Tiene mucha intuición en todo lo relacionado con los sentimientos. Es generosa, amable en el trato y comprensiva. Aporta seguridad y protección en cualquier empresa o asunto que se inicie.

Victoria

ORIGEN: **Latino**
SIGNIFICADO: **Vencedora**
CARÁCTER: Tiene mucha imaginación y capacidad para hacer realidad aquello que Imagina. La razón es su guía y consejera y siempre vence con ella. Le gusta el hogar y los niños, y es muy femenina.

Violeta

ORIGEN: **Latino**
SIGNIFICADO: **Flor modesta**
CARÁCTER: Busca siempre el término medio de todas las cosas. Es portadora de equilibrio. Es bastante humanitaria y muy servicial. Exterioriza muy bien sus sentimientos. Tiene buenas virtudes, pero, en general, es bastante modesta.

Virginia

ORIGEN: **Latino**
SIGNIFICADO: **Virgen**
CARÁCTER: Tiene muy buenos valores personales y una amplia visión de la vida. Es muy apasionada y sentimental y prefiere seguir el camino del corazón antes que el de la lógica. Tiene verdadera necesidad de purificar todas las cosas

Visitación

ORIGEN: **Latino**
SIGNIFICADO: **Visitar (Alusión a la visita que hizo la Virgen María a su prima Isabel)**
CARÁCTER: Es generosa, alegre y optimista, aunque también bastante seria, a veces. Piensa y razona mucho las cosas. Le gusta visitar a familiares y amigos para enseñarles sus últimas creaciones o logros conseguidos.

Yaiza

ORIGEN: **Canario**
SIGNIFICADO: **Arco *iris***
CARÁCTER: Es prudente, sincera, realista y reservada cuando se trata de hablar de su intimidad o de tomar decisiones sentimentales. Tiene capacidad de decisión e iniciativa propia. Aporta alegría, generosidad y expansión.

Yolanda

ORIGEN: **Griego**
SIGNIFICADO: **Hermosa como una flor**
CARÁCTER: Suele crear un ambiente de armonía entre los suyos y trabaja para que los demás se diviertan y descansen. Es capaz de crear verdaderas obras de arte. Es abierta y muy natural.

Z

Zaira

ORIGEN: **Arabe**
SIGNIFICADO: **Florida**
CARÁCTER: Es alegre, generosa y expansiva, aunque, a veces, se muestra seria y recelosa si no tiene confianza. Le gusta proceder con justicia. Es atractiva y aporta armonía y perfección a la vida cotidiana.

Zara

ORIGEN: Hebreo
SIGNIFICADO: La llena de luz
CARÁCTER: Es modesta, servicial y   sensible. Tiene mucha fuerza mental. Se comunica con mucha habilidad y maestría. Le gusta la idea de progreso y avance, pero siempre dentro de un orden, de una norma. Es generosa, creativa y alegre. No le gusta pasar desapercibida y se las compone para que los demás estén pendientes de ella, aunque, a veces, también se aisla y se busca un tiempo de soledad. Tiene una luz propia que la hace ser muy carismática..

Anexo: Lista complementaria de nombres

A

ACACIO/A
Origen: GRIEGO
Significado: BUENO/A, SIN MALDAD
ADAN
Origen: HEBREO
Significado: EXTRAÍDO DE LA ARCILLA
AFRICA
Origen LATINO
Significado: AFRICANO. EXPUESTO AL SOL
AGAPITO
Origen: LATINO
Significado: AMOR AGAPE. COMIDA
ÁGATA
Origen: GRIEGO
Significado: BUENA
ALEGRÍA
Origen: LATINO
Significado: ALEGRIA
ALEJO
Origen: GRIEGO
Significado: DEFENSOR
ALONSO
Origen: GERMANO
Significado: PREPARADO PARA EL COMBATE
AMADEO
Origen : LATINO
Significado: AMOR DE DIOS
AMANCIO
Origen: LATINO
Significado AMANTE

AMBROSIO
Origen: LATINO
Significado: INMORTAL, DIVINO
ANACLETO
Origen: GRIEGO
Significado: ACCIÓN DE PEDIR AYUDA
ANIBAL
Origen: FENICIO
Significado: GRACIA A BAAL
ANSELMO
Origen: GERMANO
Significado: PROTECTOR, PROTECCIÓN
ANTOLÍN
Origen: LATINO
Significado: DE LA FAMILIA DE ANTONIO
APARICIO
Origen: LATINO
Significado: APARICIÓN, COMPARECENCIA
AVELINO
Origen: LATINO
Significado: AVELLANA, NUECES DE AVELLA

B

BALTASAR
Origen: ASIRIO
Significado: QUE EL DIOS BAAL PROTEJA AL REY
BAUTISTA
Origen: GRIEGO
Significado: EL QUE BAUTIZA
BERNABÉ
Origen: HEBREO
Significado: HIJO DE LA PROFECÍA
BERNARDO
Origen: GERMANO
Significado: OSO FUERTE, GUERRERO FUERTE
Origen: GERMANO
BIENVENIDO
Origen: LATINO
Significado: BUEN AUGURIO PARA EL NACIDO
BLAS
Origen: LATINO O GRIEGO
Significado: TARTAMUDO(LATINO), ZAMBO
(GRIEGO)

BLASCO
Origen: VASCO
Significado: CUERVO
BONIFACIO
Origen: LATINO
Significado: BENEFACTOR, HAGO BIEN

C

CALISTO
Origen: GRIEGO
Significado: BELLO
CAMILO/A
Origen: ETRUSCO
Significado: MINISTRO/A
CÁNDIDO
Origen: LATINO
Significado: BLANCO
CARINA
Origen: GRIEGO
Significado: GRACIOSA
CASIMIRO
Origen: POLACO
Significado: EL QUE IMPONE LA PAZ
CASTO/A
Oigen: LATINO
Significado: PURO
CAYETANO
Origen : LATINO
Significado: DE LA FAMILIA. RELATIVO A CAYO
CELSO
Origen: LATINO
Significado: ELEVADO
CIRANO
Origen: GRIEGO
Significado: SEÑOR
CIRILO
Origen: GRIEGO
Significado: SEÑOR
CLARISA
Origen: LATINO
    Significado: HACER FAMOSO

CLAUDIO
Origen: LATÍNO
Significado: COJO
CONRADO
Origen: GERMANO
Significado: CONSEJO DEL AUDAZ
CONSTANTI NO
Origen: LATINO
Significado: PERSEVERANTE
CONSTANZA
Origen :LATINO
Significado: CONSTANTE
COSME
Origen: GRIEGO
Significado: PULIDO, ARREGLADO
CRESCENCIO
Origen: LATINO
Significado: CRECE
CRISÓSTOMO
Origen: GRIEGO
Significado: BOCA DE ORO. BUEN ORADOR

D

DAGOBERTO
Origen :GERMANO
Significado: DÍA BRILLANTE
DALIA
Origen: SUECO
Significado: VALLE, NOMBRE DE FLOR
DÁMASO
Origen: GRIEGO
Significado: DOMADOR
DEMETRIO
Origen: GRIEGO
Significado: A DEMETER
DESIDERIO
Origen: LATINO
Significado: DESEOSO
DONATO
Origen: LATINO
Significado: DADO

DORA
Origen: GRIEGO
Significado: DON Y BIENAVENTURANZA
DUNIA
Origen: ÁRABE
Significado: SEÑORA DEL MUNDO

E

EDELMIRO
Origen: GERMANO
Significado: NOBLEZA INSIGNE
EDMUNDO
Origen: GERMANO
Significado: PROTECTOR DE LA VICTORIA
EDURNE (NOMBRE VASCO EQUIVALENTE A NIEVES)
EDUVIGIS
Origen: GERMANO
Significado: LUCHADOR VICTORIOSO
ENGRACIA
Origen: LATINO
Significado: ESTADO DE GRACIA
ERASMO
Origen: GRIEGO
Significado: AGRADABLE, GRACIOSO
ERMINIA
Origen: GERMANO
Significado: GRANDE, FUERTE
ESTANISLAO
Origen: POLACO
Significado: LEVANTAR, GLORIA
EULALIA
Origen: GRIEGO
Significado: BIEN HABLADO, ELOCUENTE
EULOGIO
Origen: GRIEGO
Significado: BUEN DISCURSO
EUSTAQUIO
Origen: GRIEGO
Significado: CARGADO DE ESPIGAS
EVANGELINA
Origen: LATINO
Significado: BUENA NUEVA, EVANGELIO

EVARISTO
Origen: GRIEGO
Significado: PARA COMPLACER
EXPÓSITO
Origen: LATINO
Significado: PUESTO FUERA
EZEQUIEL
Origen: HEBREO
Significado: DIOS DA FUERZAS

F

FABIÁN
Origen: LATINO
Significado: DE LA FAMILIA DE FABIO
FABIO
Origen: LATINO
Significado: RELATIVO A LAS HABAS
FACUNDO
Origen : LATINO
Significado: ELOCUENTE
FAUSTINO
Origen: LATINO
Significado: LA FAMILIA DE FAUSTO
FELICIANO
Origen : LATINO
Significado: FERTIL
FELICIDAD
Origen: : LATINO
Significado FELICIDAD, DICHA
FILOMENO
Origen: GRIEGO
Significado: AMIGO DEL CANTO
FROILÁN
Origen: GERMANO
Significado: SEÑOR
FRUCTUOSO
Origen: LATINO
Significado: FRUCTÍFERO
FULGENCIO
Origen: LATINO
Significado: REFULGENTE

G

GABINO
Origen: LATINO
Significado: NACIDO EN LA CIUDAD DE GABINO
GALILEO
Origen: HEBREO
Significado: REGIÓN DE PALESTINA DONDE NACIO
             CRISTO
GASPAR
Origen: SIRIO O PERSA
Significado: ADMINISTRADOR DEL TESORO
GENOVEVA
Origen: GALÉS
Significado: BLANCA COMO LA ESPUMA DEL MAR
GERTRUDIS
Origen: GERMANO
Significado: LANZA FUERTE, LANZA FIEL
GILA
Origen :GERMANO
Significado: FLECHA, DARDO
GILBERTO
Origen: GERMANO
Significado: FAMOSO POR LA FLECHA
GINÉS
Origen: GRIEGO
Significado: PROTECTOR DE LA FAMILIA
GRACIA
Origen: SÁNSCRITO
Significado: AGRADABLE
GRISELDA
Origen: GERMANO
Significado: CABELLOS GRISES
GUMERSINDO
Origen: GERMANO
Significado: HOMBRE FUERTE
GUZMÁN
Origen: GERMANO
Significado: APTO PARA LAS ARMAS

HELENA
Origen: GRIEGO
Significado: ANTORCHA

HELGA
Origen: GERMANO
Significado: CIELO

HELIO
Origen: GRIEGO
Significado: SOL

HELIODORO
Origen: : GRIEGO
Significado: DEL SOL

HERMENEGILDO
Origen: GERMANO
Significado: GUERRERO

HERMES
Origen: GRIEGO
Significado: MENSAJERO

HERODOTO
Origen: GRIEGO
Significado: DON DE HERA

HIGINIO
Origen: GRIEGO
sifgnificado: VIGOROSO

HILARIO
Origen: LATINO
Significado: ALEGRE

HIPÓCRATES
Origen: GRIEGO
Significado: CABALLO FUERTE

HIRAM
Origen: HEBREO
Significado: DIOS ES EXCELSO

HONESTO
Origen: LATINO
Significado: HONORABLE

HORACIO
Origen: LATINO
Significado: HORARIO, RELATIVO A LAS HORAS

HORTENSIA
Origen: LATINO
Significado: RELATIVO AL JARDÍN
HUMBERTO
Origen: GERMANO
Significado: OSO GIGANTE

I

INDALECIO
Origen: VASCO
Significado: FUERZA
INOCENCIO
Origen: LATINO
Significado: INOCENTE, PURO
ISAAC
Origen: HEBREO
Significado: RISA
ISAÍAS
Origen: HEBREO
Significado: JEHOVÁ ES AYUDA, DIOS TENSA
ISIDORO
Origen: GRIEGO
Significado: DON DE ISIS

J

JACOBO
Origen: HEBREO
Significado: MARCHA A LA SOMBRA DE DIOS
JEREMÍAS
Origen: HEBREO
Significado: EXALTADO POR YAVEH
JOB
Origen: HEBREO
Significado: AFLIGIDO
JONATAN
Origen: HEBREO
Significado: DIOS DA

L

LANDELINO
Origen: GERMANO
Significado: TIERRA, PAÍS
LAUREANO
Origen: LATINO
Significado: CORONADO DE LAUREL. VICTORIOSO
LEONARDO
Origen: GERMANO
Significado: LEÓN FUERTE
LEONCIO
Origen: GRIEGO
Significado: SEMEJANTE A UN LEÓN
LINDA
Origen: GERMANO
Significado: SERPIENTE, DULCE, AGRADABLE
LINA
Origen: GRIEGO
Significado: LINO, UNGIR
LORETO
Origen: LATINO
Significado: POBLADO DE LAURELES

M

MACARIO
Origen: LATINO
Significado: EL QUE LLEVA LA ESPADA
MARINO
Origen: LATINO
Significado: HOMBRE DEL MAR
MATILDE
Origen: GERMANO
Significado: FUERZA, EJÉRCITO
MELCHOR
Origen: HEBREO
Significado: REY DE LA LUZ
MELINA
Origen: LATINO
Significado: MIEL, DULCE
MELQUIADES
Origen: HEBREO
Significado: JEHOVÁ ES MI REY

MIRANDA
Origen: LATINO
Significado: MARAVILLOSO

N

NAZARIO
Origen: HEBREO
Significado: FLOR

NEMESIO
Origen: LATINO
Significado: JUSTICIERO
NICANOR
Origen: GRIEGO
Significado: VENCEDOR DE HOMBRES
NICASIO
Origen: GRIEGO
Significado: VICTORIA

O

OBDULIA
Origen: ÁRABE
Significado: SIERVA DE DIOS
OLEGARIO
Origen: GERMANO
Significado: PUEBLO ANTIGUO
ONÉSIMO
Origen: GRIEGO
Significado: ÚTIL

P

PAMELA
Origen: GRIEGO
Significado: TODO MIEL, DULCE
PANCRACIO
Origen: GRIEGO
Significado: TODO FUERZA. TOTALMENTE FUERTE
PLÁCIDO
Origen: LATINO
Significado: TRANQUILO, PLÁCIDO

PRIMITIVO
Origen: LATINO
Significado: GENUINO, ORIGINAL
PRISCILA
Origen: LATINO
Significado: VIEJITA, VENERABLE
PRÓSPERO
Origen: LATINO
Significado: PRÓSPERO, FELIZ
PRUDENCIO
Origen: : LATINO
Significado: QUE PREVÉ, PRUDENTE

R

RÉGULO
Origen: LATINO
Significado: REYECITO
REMIGIO
Origen: LATINO
Significado: REMERO
RENATO
Origen: LATINO
Significado: RENACIDO POR LA GRACIA DE DIOS
ROGELIO
Origen: GERMANO
Significado: GLORIOSO Y DESPIERTO

ROLANDO
Origen: GERMANO
Significado: TIERRA GLORIOSA
ROQUE
Origen: LATINO
Significado: ROCA
ROSENDO
Origen: GERMANO
Significado: QUE SE DIRIGE A LA FAMA
ROXANA
Origen: PERSA
Significado: BRILLANTE

SACRAMENTO
Origen: LATINO
Significado: DEPÓSITO HECHO A LOS DIOSES COMO
            GARANTÍA
SALOMÓN
Origen: HEBREO
Significado: PACÍFICO
SAMANTA
Origen: ARAMEO
Significado: ESCUCHA
SANTOS: (EVOCA LA FESTIVIDAD DE TODOS LOS SAN-
TOS)
SATURNINO
Origen: LATINO
Significado: DEL PLANETA SATURNO
SAVINO
Origen: LATINO
Significado: SUAVE, AGRADABLE

SEGISMUNDO
Origen: GERMANO
Significado: QUE PROTEGE POR LA VICTORIA
SEGUNDO
Origen : LATINO
Significado: SEGUNDO HIJO NACIDO
SELENE
Origen: GRIEGO
Significado: LUNA
SERAFÍN
Origen: HEBREO
Significado: SERPIENTE O AMULETO
SEVERO
Origen: LATINO
Significado SERIO, AUSTERO
SIMEÓN
Origen: HEBREO
Significado: DIOS ME HA ESCUCHADO
SINFOROSO
Origen: GRIEGO
        Significado: LISO, PULIDO

SOCORRO
Origen: LATINO

T

TASIO
Origen: GRÍEGO
Significado: EXTENSO
TECLA
Origen: GRIEGO
Significado: GLORIA DIOS
TIMOTEO
Origen: GRIEGO
Significado: ESPÍRITU
TOBÍAS
Origen:: HEBREO
Significado: DIOS ES BUENO
TORCUATO
Origen: LATINO
Significado: ADORNAR CON UN COLLAR
TORIBIO
Origen: GRIEGO
Significado: MOVIDO
TRISTÁN
Origen: GALÉS
Significado: TUMULTO, RUIDO

U

UMBERTO
Origen: GERMANO
Significado: OSO, GIGANTE

V

VALERIO
Origen: LATINO
Significado: SANO, FUERTE
VENANCIO
Origen: LATINO
Significado: CAZADOR
VENCESLAO
Origen: CHECO
Significado: MUY GLORIOSO

VENTURA
Origen: LATINO
Significado: LO QUE HA DE VENIR
VIRGILIO
Origen: : LATÍNO
Significado: VARA, RAMA
VIRTUDES
Origen: LATINO
Significado: VALOR, MÉRITO, PERFECCIÓN MORAL

Z

ZACARÍAS
Origen: HEBREO
Significado: DIOS SE ACUERDA
ZOILO
Origen: LATINO
Significado: VIVO

OTROS TÍTULOS PUBLICADOS POR LA MISMA EDITORIAL

JESÚS Y CRISTO
Historia oculta de una Misión Divina

Jesús García-Consuegra

¿Quién es Jesús?, ¿quién es Cristo?, ¿cuál fue su Misión?, ¿está cerca Su segunda venida? ¿En que punto evolutivo se encuentra la Humanidad actualmente? ¿Por qué se produjo la caída terrenal y que consecuencias tuvo para el ser humano?

Todas estas preguntas, y muchas más, son contestadas con claridad en este libro revelador.

La obra, además, nos da las claves para contrarrestar la influencia negativa que se introdujo en la Humanidad a partir de la "caída", y nos ayuda desarrollar el potencial crístico en nuestro interior, que está a nuestra disposición a partir del sacrificio del Gólgota.

Un libro que ayudará a todos los que quieran desarrollar el potencial divino que anida en su alma para no quedarse rezagados en la evolución.

EL SIGNIFICADO DELOS SIMBOLOS MÁGICOS
Leo Kabal

Si buscamos objetos o imágenes que puedan linterpretarse simbólicamente, nos encontramos con un campo inabarcable, pues prácticamente cualquier cosa puede indicarnos algo que la trasciende. El presente libro se centra en aquellos símbolos más espirituales, más mágicos que han sido utilizados a través de todos los tiempos para el desarrollo espiritual del ser humano, para reestablecer el dialogo entre este y los seres espirituales o angélicos, pues, según nos han trasmitido los investigadores de lo oculto, se trata del lenguaje de los dioses, aquel que emplean para comunicarse con los

hombres, el que se utilizaba antes de producirse la confusión de las lenguas en la bíblica Torre de Babel.

Los símbolos que hemos elegido poseen, además, si se medita sobre ellos, la magia de despertar en el interior del hombre sus poderes ocultos y elevarlo hasta cotas inimaginables de espiritualidad.

Purificación Lozano

Según la Tradición, Dios eligió, de entre todos los ángeles, a 72 para que nos ayudaran a evolucionar transmitiéndonos cada uno una asignatura del conocimiento Divino. Estos 72 ángeles, o rostros divinos, están divididos en 9 coros de 8 ángeles cada uno.

Los ángeles se comunican con nosotros a través del lenguaje simbólico, es decir, nos inspiran, sugieren o manejan circunstancias para que vivamos determinado tipo de experiencias.

Este librito está pensado, principalmente, para que esta ayuda nos venga a través de una lectura meditada del programa que nos trasmite, en cada consulta, el ángel que se comunique con nosotros, después de habernos concentrado en nuestro pregunta o problema.

GUÍA PRÁCTICA DEL APRENDIZ DE ÁNGEL

o Cómo Alcanzar el Cielo estando en la Tierra
Francisco Nieto

"Esta guía está escrita para todas las personas interesadas en desarrollar los valores espirituales. Es una guía indicada principalmente para los que comienzan en la búsqueda de la verdadera Vida. Sin embargo, los más avanzados también encontrarán gran ayuda en ella".

"Llevad a la práctica cada uno de estos comentarios por separado hasta que adquiráis cada una de las virtudes correspondientes".

"Meditad profundamente sobre el significado de estos pensamientos y encontraréis algunas de las más elevadas normas para acelerar el desarrollo espiritual, y para ascender a un nivel superior de conciencia".

CANTO AL AMOR
Poemas para una vida generosa, creativa y plena

Juan Guerra Cáceres

Los poemas que contiene este libro pretenden sacarnos de la estrechez de miras en que normalmente nos desenvolvemos y conducirnos a una existencia más plena, volcada en convertir en realidad altas causas y pasar por el "valle de la vida" haciendo el bien y dejando **nuevas y más espléndidas y olorosas flores.**
Son poemas para ser meditados y sentidos.
Impregna el libro una corriente de positividad y optimismo, colocando el acento en el lado hermoso de la vida.
El libro puede ser leído siguiendo el orden en que está escrito, o tomando un poema al azar, desarrollarlo, reflexionar sobre sus variados contenidos y plasmar sus mensajes en vuestra realidad diaria.

BENEFICIOS DE LA LECTURA

Beneficios de la lectura
Andrés Plaza
La lectura:
¡Desvelado ese mundo interior!
Para padres, madres, profesionales de la enseñanza y hombres interesados en la cultura.
Un libro curioso, fácil de leer y además... "Terapia de Lectura", una técnica para tonificar los desarreglos mentales y emocionales. Método: ¡14 años de
experiencia en escuelas!
Este libro propone y promueve que la lectura sea una asignatura más en los colegios de Enseñanza Primaria.

EL DESARROLLO ESPIRITUALDESPUÉS DE LA MUERTE

EL DESARROLLO ESPIRITUALDESPUÉS DE LA MUERTE

Francisco Nieto

Facilita una fascinante visión de todo lo que ocurre desde el mismo momento de la muerte hasta el próximo renacimiento del Espíritu. El lector podrá beneficiarse de la gran ayuda espiritual que este conocimiento aporta, y así podrá transformar su forma de pensar y de actuar respecto a las personas que le rodean y encontrará muchas respuestas para sus dudas relacionadas con su destino.

MÉTODOS ESOTÉRICO-PRÁCTICOS PARA EL DESARROLLO INTERNO

Francisco Nieto Vidal

Si buscas un contacto extraterrestre, desarrollar poderes ocultos o contactar con maestros o con Ángeles para que te digan lo que tienes que hacer, no leas este libro En cambio, si buscas cambiar tu carácter, tu forma de vida, tu concepto sobre los demás; si deseas elevar tu conciencia hacia los mundos espirituales; si buscas el contacto con tu Maestro interno, entonces te aconsejo que leas este libro.

PLANTAS MEDICINALES PARA LA ALUD

Miriam de la Fuente

Las plantas mediciales son una alternativa para curar o aliviar las enfermedades. El presente libro ha sido pensado para que el lector pueda encontrar aquella que más le ayudará en cada momento. Es una guía útil que contiene las mejores plantas medicinales que el lector hallará fácilmente en cualquier herborísteria, cuya eficiacia ha sido demostrada por miles de personas que, al utilizarlas, han sido curadas o han mejorado de sus enfermedades a través de todos los tiempos.

EDWARD BACH Y DEEPAK CHOPRA UNIDOS

Relación entre los Siete grupos de Flores de Bach y las 7 leyes espirituales del éxito

Autora: Soledad Martínez

La autora ha encontrado una estrecha relación entre los "Siete Grupos de Flores de Bach" y las correspondientes "Siete Leyes Espirituales" o leyes de la vida. No sólo una relación, sino cómo se complementan, completan, ayudan y potencian.

Un libro sensacional que no pueden dejar de leer todos aquellos que se interesan por la salud integral del ser humano.

LOS ESPÍRITUS Y LAS FUERZAS DE LA NATURALEZA

Max Heindel

Max Heindel, uno de los más grandes iniciados del siglo XX, nos desvela en esta obra la labor de estos seres que, como espíritus y fuerzas de la Naturaleza, se manifiestan dando forma y haciendo crecer el mundo vegetal, animando el fuego, el aire y el agua...

Este libro, como todos los de Max Heindel, es una fuente de sabiduría, y estamos seguros de que quien lo lea saldrá altamente beneficiado

LA INTERPRETACIÓN MÍSTICA DE LA PASCUA

Max Heindel

Cada año una ola de espiritualidad penetra la Tierra en el Solsticio invernal, para impregnar las dormidas semillas en la tierra helada, para darle nueva vida al mundo en que vivimos, y este trabajo se realiza durante los meses del invierno, mientras el Sol pasa a través de los signos zodiacales de Capricornio, Acuario y Piscis. Luego cruza el Ecuador Celestial desde los signos Sureños, donde ha estado durante los meses invernales, y este cruce o crucificación o crucifixión es ahora cósmicamente asociado con la entrada del Sol en el signo de Aries, el carnero o cordero. Luego el Sol asciende a los signos de los cielos Norteños para fomentar con sus tibios rayos el crecimiento de la semilla en la tierra, que ha sido revitalizada por la ola de vida Crística durante los meses de invierno. Sin esa ola mística anual de energía Vital del Cristo Cósmico, la vida física sería una imposibilidad; sin eso no habría pan físico, ni vino, ni la tintura espiritual transustanciada preparada por la alquimia de la sangre del corazón del discípulo.

Erbme - Ivón

Las oraciones, en sí mismas, son " Fuentes de Energía Positiva", que el individuo pronuncia mediante el rezo, emanando desde su interior, expandiéndose hacia el exterior y estableciéndose un puente de unión entre él y Dios.

Ahora, mediante este libro, usted, tiene el gran privilegio de usarlas; para que le puedan ayudar en todos los problemas que le acucian en la vida, como puedan ser: económicos, laborales, familiares, en las deudas, estudios, enfermedades, en cuestiones matrimoniales, en relación con terceros, sociales, etc.

EL MANUSCRITO DEL DISCÍPULO AMADO

LEO KABAL

Un manuscrito inédito, atribuido al apóstol San Juan, que ha sido custodiado por los hermanos mayores durante dos mil años, sale ahora a la luz con el fin de impulsar el nacimiento Crístico en el corazón humano.

Un testimonio directo de las enseñanzas secretas de Cristo, contadas por uno de sus discípulos más cercanos

Leo Kabal

Los ángeles han estado con nosotros desde el principio de los tiempos. Todos los documentos antiguos dan fe de ello. El tema es tratado en detalle en varios capítulos de este libro. Pero hay una categoría de ángeles que se ocupan de nosotros, de nuestra evolución. Son los 72 ángeles protectores, que según reza la leyenda, fueron elegidos por Dios para que nos trasmitieran cada uno una asignatura del conocimiento divino y nos guiaran en nuestra andadura por este Plano.

El presente libro nos descubrirá los nombres de nuestros ángeles y de los 72, nos enseñará a comunicarnos con ellos para obtener sus virtudes a través de una plegaria y un consejo. Al final del libro el lector encontrará una lista, por orden alfabético, de sus nombres y de la ayuda y protección que se les puede solicitar y una tabla con sus fechas de regencia.

Se trata de un libro fundamental para los tiempos que corren, que nos ayudará a solucionar nuestros problemas y aportará paz y sosiego a nuestras vidas.

Editorial Creación

LIBROS PARA UNA NUEVA FORMA DE VIDA

www.editorialcreacion.com

www.ingramcontent.com/pod-product-compliance
Lightning Source LLC
LaVergne TN
LVHW090004180726
843489LV00001B/375